U0561845

华为组织力

吴建国　景成芳◎著

中信出版集团 | 北京

图书在版编目（CIP）数据

华为组织力 / 吴建国，景成芳著 . -- 北京：中信出版社，2022.4

ISBN 978-7-5217-4028-8

Ⅰ. ①华… Ⅱ. ①吴… ②景… Ⅲ. ①通信企业－企业管理－经验－深圳 Ⅳ. ① F632.765.3

中国版本图书馆 CIP 数据核字 (2022) 第 035718 号

华为组织力

著者：　吴建国　景成芳

出版发行：中信出版集团股份有限公司

（北京市朝阳区惠新东街甲 4 号富盛大厦 2 座　邮编　100029）

承印者：　北京诚信伟业印刷有限公司

开本：787mm×1092mm　1/16　　印张：18.25　　字数：193 千字

版次：2022 年 4 月第 1 版　　印次：2022 年 4 月第 1 次印刷

书号：ISBN 978-7-5217-4028-8

定价：69.00 元

服务热线：400-600-8099

投稿邮箱：author@citicpub.com

目　录

推荐序

从 1 到 10，需要强大的组织力

张颖　经纬创投创始管理合伙人

我的一位连续创业成功、非常优秀的创始人朋友对组织力有一段表述，我非常认同。他说企业从 0 到 1 的时候，比拼的是创始人对自己的理解，并把自己的特长发挥到极致。而从 1 到 10 的时候，就需要提升对别人的理解。用心去观察和认识身边人的优势和问题，以及背后的驱动力和原理，帮助团队获得成长，和不同的人一起高效地协作。创业群体里面，能够完成从 1 到 10 的只有千分之一，做到的就能活下去，做不到的就自然被淘汰。

创办经纬 14 年，我们初期选择移动互联网赛道，近年在深度思考后和实践验证中逐步切换赛道，在大医疗、硬科技、企业服务、智能汽车生态上都投入了很多。观察下来，越来越多的科学家或技术专家成了企业创始人，他们在技术和专业上很强，但在商业和组织管理上却不太擅长。也因为长期严谨、有逻辑、循证

的科学思维，在理解他人方面，会相对弱一点，导致从 1 到 10 的过程中，会发生一系列令人遗憾的事件。

待提升点 1：更多的灰度思考。专家最大的优势就是死盯着“事”，技术的世界往往是非黑即白，科学家也应当坚持真理。但在公司的实际运营中，灰度的存在是必然的，要有妥协和包容。这些灰度可能会存在于对员工的处理，对商业合作的妥协，对条款的容让，以及与对手的竞合中。

并不是所有事情都能真的对事不对人。科学家喜欢琢磨事儿，不喜欢琢磨人，但很多事情背后还是人在决定的。人与人之间出现摩擦的时候，要想解决问题，就不能太纠结于对错，而更要从人性的角度出发去做换位思考，能跟不同个性的人有效沟通。只有理解人性，把握灰度，才能更好地把自己从一个专家转换成一个企业家。

待提升点 2：更多的团队配合。在创业初期，科研、技术背景的创始人的优势在技术、弱点在商业和组织，在这个公司成长最快，也最需要拉开差距的时候，与其把精力耗费在“补短”上面，不如继续发挥自己的优势，并找到合适的人来补足自己，包括商业模式的探索、公司运营、资金筹募、组织和人才管理等，以达到快速发展的目的。

也就是说，为了实现商业的成功，所有自身优势以外的重要事情，都可以找人来补足，也能找到人来补足。如果找到了这样合适的人，甚至可以给出原有创始人所占股份的 1/5~1/3，因为你要认可这个人是同等的伙伴，而不是雇员。只有聚集一帮优势互补的能人一起干，才能让事业如虎添翼、快速发展。

待提升点 3: 更系统的自我成长。多数人在没有合适的场景时，是更喜欢自学的，省事省时，看书、读文章，或者从自己的成功和失败中学习。这种方式有效，但效率并不高。在这个信息过于繁复冗杂，同时有大量可以借鉴的实际经验的时代，开放式学习大概率更能让自己的成长速度赶上企业的成长速度。任正非“一杯咖啡吸收宇宙能量”讲的就是向别人学习的道理。

创始人在自学之外，可以留出一定比例的时间，找到志同道合的创始人共同学习。这些人可能是来自不同行业的创业公司一把手，这种差不多段位的人在一起聊天，会有真正同频的认识和收获。也可以和已经跨越你现在阶段的创始人聊天，问问他们究竟是怎么走过来的，踩过哪些大坑。另外，如果你已经融资两三轮了，可以更加差异化对待每个投资机构的每个投资人，找出对自己真正有帮助的人，把自己的精力聚焦在这些少数人身上，让他们帮助你成长。高速的成长，一定是少数人对你的贡献和帮助，几十倍于大多数人给你的边缘化建议。

经纬创办亿万创业营的目的，也是有这方面的思考，希望能够搭建一个供大家系统学习、持续交流的平台，帮助一批优秀的创业者快速解决从战略到组织再到增长等各个领域的高频踩坑问题。我们汇聚一批“到过山顶的人”，去帮助不同阶段的创业者，“解决攀爬中的场景化问题，提前看到山顶上的风景”。

正是在亿万，我遇到了吴建国老师。作为华为的前人力负责人，他不仅是一位“到过山顶的人”，更是一位已经切实帮助过200多家高成长企业提升组织力的人，善于系统化帮助各行业的创始人。在我们两人的多次碰撞讨论中，吴建国老师对经纬的多家投后企业组织力的洞见，给了我很大的启发。他和景成芳老师把自己多年的实践总结在《华为组织力》这本书里，就是为了帮助更多的企业家和管理者系统而高效地升级自己的组织力，实现从1到10，再从10到100的长期成长。

在我看来，《华为组织力》这本书，就是帮助你更好地认识别人，放大能力。让你从依靠强大个人力的初创阶段，走向依靠强大组织力的规模化发展阶段。拿经纬来说，我们能有今天的市场地位，几位合伙人密切、有序的配合是最根本的原因。但接下来，经纬要实现从70分到83分的升级，就需要继续迭代和升级，把经纬看成是一台精密仪器，通过一套组织体系来进一步避免或减少个人在决策和判断上的漏洞。我也会把更多的精力投入到合伙人团队以及年轻人的成长上，会建立基于价值创造的差异化评价和分配机制，进一步激发组织的活力和创造力。

王尔德说，经验是一个人给自己所犯错误起的名字。本书作者的优势在于，经过华为及数百家企业的实践，他们对组织力建设的各种路径和可能遭遇到的各种陷阱，比绝大多数创始人知道得更多、更清楚。书中萃取的也不是一套“放之四海而皆准”的理论，而是贴近高成长企业具体场景的解题思路和解决方案。

在我看来，企业的成长，最重要的是让自己变得更好。希望，也相信，这本书会对你自身的成长与转变，有一定帮助。

自序1

华为组织管理三大定律

吴建国

刚刚接触任正非的时候，感觉他就是一位盖世英雄：才华横溢、勇猛无比。但时间久了，对他老人家就有了不一样的理解。其实他更像是一位筑梦者：把自己的梦想变成大伙的梦想，并激发大伙为了共同的理想而长期奋斗下去。

我终于想明白了，就企业家而言，所谓人性大师，其实就是一家企业的建筑大师。他的所作所为，都是为了缔造一家基业长青的伟大组织。正如他所说的：个人是渺小的，组织才力大无穷。

任正非对组织的理解，可以概括为任氏组织管理三定律。

第一定律就是无为而治。通过组织的规则系统来摆脱对任何个人的依赖。

早在1998年，任正非就认识到，一家企业若想基业长青，必须依靠一套可以自我优化的组织机制，而不是依靠带头人或几个能人的智慧。否则，一定会因人而生，也因人而死。

1998年，他给华为高管出了一道“无为而治”的命题作文。借用老子的“无为而无不为”，向管理层传递摆脱个人，建立一套“不废江河万古流”的组织机制的思想。从那时候开始，华为启动了长达十年的组织变革，打造出了组织能力的1.0版本。2008年之后，继续进化这套系统，形成了今天你所看到的强大组织力。

组织的无为而治，就是任何人都不能凌驾于组织规则之上，包括领导人在内。套用今天的话，就是把权力关进笼子。这样一来，个人的不确定性，将不再会对组织的长期发展产生致命影响，从而让企业“长期活下去”成为一种可能。

第二定律就是以客户为中心。也就是任正非反复强调的：企业存在的目的，就是为客户创造价值。

什么是以客户为中心的组织呢？就是以理解并满足客户需求为目标的组织。所有部门都有各自不同的定位和目标，但其背后的大目标却是完全一致的。这样才能形成从需求发现到最终满足需求的闭环管理。也就是把过去“段到段”的接力棒模式，改为“端到端”的一体化运作模式。

第二定律为第一定律指明了方向。组织机制建设的目标，就是不断提升组织为客户创造价值的能力，从一般走向优秀，再从优秀走向卓越。

第三定律就是组织必须长期充满活力。

组织活力随企业年龄的增长而递减，这是一个普遍规律，也就是所谓熵增。中国企业的平均寿命只有 2.5 岁，任正非却希望华为能活 600 年。

华为通过三大手段来持续对抗组织熵增。一是内生活力，持续地做负熵运动，让组织肌体减少赘肉、加速代谢。二是开放系统，就是要靠外部的压力和能量交换来持续激活组织。三是远离平衡，就是不断挑战更崇高的目标。从通信网到互联网再到智能网，不断谋求为人类的发展做出更大的贡献。

2019 年年底，在中信出版集团的帮助下，我出版了《华为团队工作法》，希望助力中国企业解决引不进、选不准、用不好、长不大、调不动、送不走这“六不”难题。

但是，无论人的能力多强，干劲多足，如果“人人”，也就是组织合力出现问题的话，每个人的努力都将大打折扣。只有实现组织的不断进化，才能走出“规模而不效益”的窘境，实现企业价值的长期增长。

因此，2019 年写书的时候，自己脑子里就在盘算，下一本书应该是关于组织的，也就是如何才能锻造一家强大的企业组织，于是就和组织发展的专家，我们基业长青公司的资深合伙人景成芳先生商量，合作一本组织力方面的书，这就是撰写本书的初心。

以我个人的理解，撰写这本书的目的，主要是回答困扰中国企业的三大核心问题：

1. 企业组织的目的究竟是什么？也就是说，组织的宗旨何在。我们的理解，就是必须成为一家真正以客户为中心的组织。正如任正非所说，为客户创造价值是企业存在的唯一理由，盈利只是结果而已。本书的第一章，就是为了回答这个最基本的命题。读完之后，希望你能对组织的定位和方向有更加清晰的理解和认识，不会误入歧途。

2. 为了成为一家客户中心型组织，你需要做好哪几件最关键的事情？从第二章的组织阵法（也就是组织架构）开始，到第三章的组织战法，再到第四章人才在组织中的价值体现，以及第五章如何打造卓越的组织文化，希望你能够知道一家卓越组织缺一不可的四大构件，从而刷新对组织的系统性认知，不再落入头痛医头、脚痛医脚的普遍陷阱。

3. 普通的组织，如何才能成就卓越？我们所看到的卓越组织，不管是亚马逊，还是华为，都有一个“从小白到高手”的演化过程。那么，你的高管团队需要做出什么样的努力以及企业如何才能实现阶段性跨越，逐渐成长为一家基业长青的伟大组织呢？本书的第六章、第七章和第八章为你指明方向、筑路搭桥。

最后还是要提醒各位读者朋友，书中的基本理念和方法指南，只是我们的阶段性成果。恳请用批判性视角来咀嚼消化，从而转化成你对自身组织的理解并采取切合实际的行动。

20 多年的企业实践下来，我个人最深的体会就是，组织的进化，极其艰难且永无止境。让我们一起在追索中前进吧。

自序2

组织力是决定企业成败的关键

景成芳

人感知自己的渺小，行为才开始伟大。一个人不管如何努力，永远也赶不上时代的步伐，更何况知识爆炸的时代。只有组织起数十人、数百人、数千人一同奋斗，你站在这上面，才摸得到时代的脚。

——任正非

中国企业的数量已经超过3000万家。其中，很多中小企业都进入了高速成长阶段，以独角兽为代表的新生代企业更是呈指数级增长，不断刷新着IPO（首次公开募股）速度和公司市值的纪录。

这些企业的创立时间一般为3~10年，商业模式已经跑通。依靠灵魂人物对市场机会的敏锐洞察，快速冲刺确立了市场地位。凭着商业模式的独特优势，外加资本的助推，看上去所向披靡。

但是，伴随着业务的快速增长，人员规模也在急速扩张，企业进入了“青春烦恼期”，迎来“至暗时刻”。表面繁荣的背后，内部问题丛生：创业激情消退，反应速度变慢，运营效率下降，人才青黄不接，甚至山头林立、官僚腐败蔓延……凡此种种，预示着毁灭性危机近在眼前。

企业家都明白，业务的持续增长，是活下去的基本条件。但企业内部问题的累积和加重，却让企业家陷入进退两难的境地：继续向前，风险会越来越大，但不前进也是死路一条。于是变得身心俱疲、焦虑不安。

1998 年，任正非在《我们向美国人民学习什么》一文中，深刻地揭示了这个两难窘境：“企业缩小规模就会失去竞争力，而扩大规模的同时如果不能有效管理的话也会面临死亡，这是 IBM 付出数十亿美元的直接代价总结出来的，他们经历的痛苦是全人类的宝贵财富。”

构筑和维系一个组织的难度，比我们通常想象的要大很多。活力彪悍往往会因脱缰而死，而活力被控又会因失效而亡。

企业组织本身是一个复杂的社会系统。在这个社会系统中，个体有意识，整体也有意识，且两者往往很不一致。作为有限理性的个体，其目标是基于自身动机的、主观的和个性化的；而企业的组织目标是面向外部的、客观的和非个性化的。二者之间存在永远的矛盾。

企业组织包含了组织架构、运作机制、考核激励、人才能力、文化价值等诸多要素，这些要素之间必须协调一致才能奏效。此外，为适应外部环境的变化，组织还需要不断地调整变革。而组织变革的成功率只有 20% 左右。组织建设，注定是一项长期而艰巨的工作。

面对巨大的挑战，华为为什么能走好，任正非究竟做对了哪些事情呢？

也是在 1998 年，任正非还写过一篇极其重要的文章《要从必然王国走向自由王国》。任正非把华为的第一个十年（1987—1997）看成第一次创业。他总结了华为第一次创业的特点："是靠企业家行为，为了抓住机会，不顾手中资源，奋力牵引，凭着第一代创业者的艰苦奋斗、远见卓识、超人的胆略，使公司从小发展到初具规模。"

从 1998 年开始的第二个十年（1998—2008），他看成华为的第二次创业："第二次创业的目标就是可持续发展，要用十年的时间使各项工作与国际接轨。它的特点是淡化企业家的个人色彩。把人格魅力、牵引精神、个人推动力变成一种氛围，使它形成一个场，以推动和导向企业的正确发展。"

回顾华为 35 年的沧桑演变，1998 年，绝对是一个承前启后的里程碑年份。从这一年开始，华为踏上了组织力的突围之路。通过十年的苦心锤炼，到 2008 年 IBM（国际商业机器公司）顾问离开的时候，华为将企业的动力机制从个人牵引转换为组织驱动，从必然王国向自由王国迈进了一大步。

所谓必然王国，就是指人们对社会发展的必然性的认识处在混沌状态，思考和行动不得不受外部力量的支配。而所谓自由王国，就是指人们逐步认识和掌握了社会发展的必然规律，成了自己命运的主人，开始自觉地创造属于自己的历史。

组织只有不断朝着自由王国迈进，才能释放出巨大的潜能，持续提高价值创造的能力。当然，自由王国也是相对的，在变化的时代里，需要不断刷新，进入更高一层的自由王国，这就是一部人类文明的发展史。正如孔子所说“从心所欲而不逾矩”，只有对企业的内外发展规律认识得更加清楚，才能因势利导地进化组织规则，进入“不废江河万古流”的自由境界。

作为一位伟大的企业家，任正非的过人之处，在于把自己从一位“报时人”转变成了一位“造钟人”。通俗地讲，就是从一个领着大家“摘苹果”的人，变为带领大家共同“种苹果树”的人。摘苹果解决几个人的温饱问题可以，但人多了之后，摘苹果的方式就不灵了，一定会坐吃山空。这个时候，解决问题的最好方法是带领大家一起植树造林。苹果树越长越好之后，众人吃饭的问题才能长期解决。也就是说，伙伴们一起把企业做成一片生态森林，并具有自我进化的能力之后，企业才能摆脱对个人的依赖，经久不衰、基业长青。

那么，什么样的人才是“造钟的人”呢？在1787年美国的制宪会议上，托马斯·杰斐逊、詹姆斯·麦迪逊、约翰·亚当斯等美国先贤们讨论的最重要问题，不是“谁应该当总统，谁应该领导我们”，而是“我们应该创建什么样的程序，使国家在我们身后仍然能拥有很多优秀的总统，我们希望建立哪一种长治久安的国家，要靠什么原则来建国，国家应该如何运作，我们应该制定什么指导方针和机制，以便创造我们梦想的国家”。他们致力于创建一部自己和未来所有领袖都应遵循的宪法，致力于建立一个长期繁荣的国家，这就是最典型的“造钟人”思维。

在史蒂夫·乔布斯创造的那么多产品中，哪件最令他骄傲？你马上就会想到他的那项伟大发明——苹果手机。但乔布斯却不这么认为。他说，他所创造的最令他自豪的产品是他曾经打造的团队——从20世纪80年代的麦金塔电脑团队，到2011年4月他退休前组建的精英团队。虽然乔布斯因伟大的产品而闻名，但他自己却以打造了一支伟大的团队而自豪。

说到底，基业长青，需要构建一个伟大的组织。组织的创造力远远超过个体创造力的简单相加，而组织的系统影响力可以达到个体影响力之和的4倍。一家企业成为百年老店的概率只有0.0045%，能够活过200年的概率只有十亿分之一。一家企业要活过企业家的寿命，必须摆脱对任何个人的依赖，只有凭借组织机制的力量——组织力，企业才能长久地生存。

人多不一定力量大，团结起来才有真正的力量，组织力就是团结起来的力量。所谓组织力，就是一个组织为客户创造价值的内部合作方式和特征。对内表现为一种凝聚各种资源和能力的聚合力，对外表现为一种适应环境的进化力。根据麦肯锡对全球700家企业的研究，企业的组织力与业务绩效呈高度相关性，良好的组织力是提升经营业绩的坚实基础。组织力指数排名前1/4的企业的股东回报率约为排名后1/4的企业的3倍，组织力强弱和业务绩效差距之间的相关系数在0.5~1之间。

任正非在《北国之春》一文中曾说：创业难、守业更难，知难而不难。所谓知难，就是与打造新商业模式或产品相比，打造卓越的组织力极其困难，绝大多数企业都无法越过这道坎儿。因此，度过创业期之后，组织力的打造，就变成了创始人的首要任务，企业家必须使出自己的洪荒之力。

在20年的管理咨询实践中，我见证了很多企业打造组织力的艰难痛苦历程，在同情和理解之余，也对其中的种种折腾惋惜不已。每每此时，我就在想：倘若它们在出发之前，能够学习到华为等卓越企业组织力打造的底层逻辑和系统方法，是否就可以少走些弯路，增加成功的概率呢？我相信答案是肯定的。于是，我们在提炼华为组织力锻造实践精髓的基础之上，撰写了这本书。希望能借此帮助众多高成长型企业解决组织建设的难题，摆脱对个人或团队的依赖，走上基业长青之路。

随着环境的变化，中国各行各业已经进入高质量发展阶段，中国企业的增长逻辑和路径发生了根本性改变。过去大多是机会导向，以资源和关系驱动成长。“清华、北大，不如胆子大”的思想，掩盖了企业自身能力严重不足的现实。而今天企业的生存发展，必须依靠自身组织系统的优势。

愿这本书能成为你构建伟大组织道路上的一本“红宝书”，陪伴你爬过雪山，走过草地，最终成就卓越。

第一章

迈向以客户为中心的组织

唐代诗人王之涣在《登鹳雀楼》中留下了千古名句：欲穷千里目，更上一层楼。做企业很像爬山，攀登的高度不同，看到的风景也迥异。深入分析华为的成长历程，我们总结出企业“登高望远”的五个台阶。这五个台阶，就是华为组织力成长的五个阶段。

从创业开始，华为就是一家结果导向型公司，任正非说：“军人的责任是胜利，牺牲只是一种精神。所以不是说你吃了苦就能当将军，一定要做出贡献。不能产粮食的人是多余的人，要减掉。”于是，定目标、分目标、拿结果，就成了创业公司管理层的首要任务。

这种成王败寇的做法，可以得逞一时，但很难持续。想要好结果肯定没错，但只盯着结果，往往得不到好的结果。1998 年，IBM 发现华为当时最大的问题就是做事没有章法：没有时间一次就把事情做对，但有时间反复地做同一件事情。自此以后，华为把企业发展的目标确定为流程化的组织建设，开始逐步解决“工作计划性差、作业不规范、反复做无用功”的粗放顽疾。

于是，华为开始爬上第二个台阶，关注做事的过程。最典型做法就是所谓流程管理——把目标实现的过程进行有效的分解。例如，把销售分为关键五步，把产品开发分成四段，力求把每个节点都做好。这样一来，就建立起过程和结果的对应关系，企业经营的效果得到了改善。但这仍然不够。

因为你眼里有事但目中无人。很多企业领导人说营销重要，产品重要，运营也重要，但仔细琢磨一下，这些关键环节做不好究竟是什么原因导致的呢？如果你选错了做事的人，再好的事也没办法做成，这叫事与愿违。而你选对了人把事做成，这叫事在人为，再重要的事情，终究也是靠人干出来的。这就是《华为基本法》里的那句经典：“人力资本不断增值的目标优先于财务资本增值的目标。”

这个时候，你就来到了半山腰，爬上了第三个台阶，开始关注人才管理。进入这个阶段的典型特征就是老板在选人上狠下功夫，亲自抓面试和试用过程，干得好就重奖，不行就换人。同时，不断加大培训投入，各类学习活动如火如荼。接下来，还会在人才管理机制的构建上高投入，致力于打造良将如潮、良才如云的规则制度体系。

观察下来，能爬上第三个台阶的企业，已经是少数了，大部分企业都栽倒在“人”的问题上面。要么独木强撑无人可用，要么队伍老化青黄不接，要么动力缺失内卷严重。1998 年，华为的人才识别准确率还非常低。经过两年的重点投入，把人才甄选准确率从 30% 提高到了 50%，今天已经达到了 80% 的水平。

但是，要想成就百年基业，仅仅拥有良好的人才管理机制还不够。因为企业是一个人与人协作的社会系统，即便你选出来的人才足够优秀，但凑到一起却未必能产生强大的合力。很多老板就经常抱怨说，你们这些管理学者老谈什么规模效益，但我看到的却是只有规模而不见效益。中国古代就有三个和尚没水吃的故事，一人为龙，多人成虫。任正非对这个问题的理解极其深刻，反复强调说，华为一定要形成“力出一孔、利出一孔”的组织力。

因此，随着企业规模和业务复杂度的增加，是否可以从第三个台阶上升到第四个台阶，也就是由“人才驱动”升级到“组织驱动”，就成了企业做大做强做久的关键。统计下来，能走到这个阶段的企业不到 1%，这正是企业从优秀到卓越的分水岭。

接下来的第五个台阶就是让企业文化成为第一生产力。《华为基本法》中曾指出：“资源是会枯竭的，唯有文化生生不息。一切工业产品都是人类智慧创造的。华为没有可以依存的自然资源，唯有在人的头脑中挖掘出大油田、大森林、大煤矿……”百年企业靠文化，没有在使命追求和核心价值观上的确定性，企业将难以应对外部环境的不确定性，企业终究无法走远。一句话，企业的长期成功是文化的胜利。

你或许会质疑，企业文化不是创业期就需要建设的吗？没错，企业文化如同阳光和空气，需要融入企业发展的每个阶段。但是，第五个阶段的核心特征是文化成为第一驱动力。进入这个阶段之后，所有做事的规则和用人的规则都会被大幅简化，员工只要在核心价值理念上达成认知和行为的共识，其他约束性制度就可以被大幅删减，人的自由度达到空前程度。这种自由的环境，可以最大限度地释放出人的潜能和创造力，让企业进入“无为而治”的高级发展阶段。

观察下来，像中国的华为和美国的奈飞等极少数企业，正走在迈向第五个台阶的路上，但离真正的文化驱动还有差距。

对大部分中国企业而言，最难闯的关是第四个台阶。组织，是人们为实现事业梦想而创造出来的一头怪兽。你要先接受它，再来驾驭它。这对所有企业家和管理层来说，都是一道天大的难题。

如何才能破解这道难题呢？这正是本书的核心目的。通过对华为的系统解读和要点分析，帮助成长中的企业家和管理者更好地构建组织、进化组织并应对各种组织挑战，从而在这个不确定的时代，走上一条基业长青之路。

第一节　选择塑造组织

2017年8月3日，华为南京研究所一个注册名为“warknife”的员工，在内部论坛“心声社区”发帖，举报IT（信息技术）管理部门的NUI业务数据中，所使用的代码与某代码托管平台上的某项目代码雷同，并怀疑是公司项目的代码外泄，或是公司项目抄袭了别人的代码。因为心声社区是匿名社区，该员工除了在心声社区揭露事情真相外，又在华为内部技术交流网站3ms上留言举报，这样一来，他的身份就曝光了。这名员工叫梁山广。

9月4日，任正非在浏览心声社区时，无意中看到了这个帖子。他亲自撰写签发了一份题为“要坚持真实，华为才能更充实”的内部邮件。他在邮件中写道：“我们要鼓励员工及各级干部讲真话，真话有正确的、不正确的，各级组织采纳不采纳，并没什么问题，而是风气要改变。真话有利于改进管理，假话只有使管理变得复杂、成本更高。”公司决定对梁山广晋升两级，并提供上海研究所的工作岗位供他选择。同时，由华为无线网络产品线总裁邓泰华负责保护其不受打击报复。

只是因为讲了几句真话，梁山广就被破格连升两级，每月工资增加了5000元。而且他还可以自愿选择去其他地点和岗位工作。不少华为员工激动地说："这件事可以载入华为史册！"根治大企业的官僚作风，华为是认真的。在报喜不报忧风气渐长的情况下，一部分员工冒着极大的风险反映真实问题，华为选择了肯定和保护员工的做法，而不是掩盖问题、纵容内部假大虚空现象的蔓延。

除了讲真话的梁山广，华为人在不同地方和场合，都会表现出代表华为奋斗精神的行为。

2013年，当时24岁的叶辉辉，刚加入华为不到一个月，就被派驻科摩罗参加海底光缆项目。科摩罗位于非洲大陆与马达加斯加岛之间，是一个人口只有80万的岛国。当地物资极度匮乏，基础设施非常落后，疟疾和登革热肆虐。除了缺电缺水缺网络，蔬菜和水果也极度匮乏，这是一个连吃饭都需要发愁的国家！交通出行靠的是9座螺旋桨小飞机和冲锋舟，随时都有失去生命的危险。科摩罗市场长期被西方厂商垄断，对于华为这样一家中国ICT（信息和通信技术）企业，客户并不买账，觉得还是西方的产品最好最先进。2016年，叶辉辉团队克服重重困难，在科摩罗这个满是火山岩的小岛上完成了国家骨干传输网的建设。2019年，科摩罗实现全岛的2G、3G、4G覆盖和光纤到户，成为印度洋第一个上4G、

5G 的国家。如今，华为已经成为科摩罗最受欢迎和最受尊敬的中国公司。在华为经历困难的时候，这些客户第一时间力挺华为，表示华为是他们永远最信任的伙伴。

在一般人看来，年轻人往往不愿吃苦，也吃不了苦。而对于刚毕业不久的叶辉辉，华为居然敢把他直接派驻海外担当大任。在异常艰苦的条件下，他不但待了下来，还把业务做得风生水起，最终赢得了客户极大的信赖。

在你的组织中，如果遇到员工勇于讲出实话和需要到艰苦地区奋斗这样的事情，你会选择什么样的处理方式呢？

种瓜得瓜，种豆得豆。员工种种行为的“果”，都源于企业组织环境的“因”。组织有什么样的环境，就会产生什么样的员工行为。

在瞬息万变的市场环境下，想要实现伟大的事业梦想，你需要仔细思考，究竟要打造一家什么样的组织？这家组织的目的和宗旨是什么？

德鲁克在《管理的实践》一书中，曾指出企业存在的唯一目的就是创造顾客。顾客是企业的基石，是企业存活的命脉，只有以客户为中心的组织才能基业长青。任正非在《在理性与平实中存活》一文中曾写道：“我们一定要讲清楚企业的生命不是企业家的生命……我们要建立一系列以客户为中心、以生存为底线的管理体系，而不是依赖于企业家个人的决策制度。这个管理体系在它进行规范运作的时候，企业之魂不再是企业家，而变成了客户需求。客户是永远存在的，这个魂是永远存在的。……所以我认为华为的宏观商业模式，就是产品发展的路标是客户需求，企业管理的目标是流程化组织建设。同时，牢记客户永远是企业之魂。”

以华为为代表的“以客户为中心的组织”，是能够切实实现可持续生存发展的根基。企业是一个商业组织，其存在的目的和意义是为利益相关者（客户、员工、股东、合作伙伴和社会生态）创造最大价值，为什么一定要以客户为中心呢？

以米尔顿·弗里德曼为代表的经济学家认为，企业最应该关注股东利益，以股东价值最大化为中心。受这一观点影响，很多美国公司都把增加股东价值作为公司最重要的目标。在这种股东价值的导向下，企业天天围绕着资本市场的指挥棒转，短期主义盛行，渐渐地丧失了为客户创造长期价值的商业常识。当思科、摩托罗拉等公司以“财年、财季”等规划公司未来发展时，华为却一门心思盯着客户价值，崛起就成为一种必然。

欧洲和日本的许多传统企业，则强调以员工利益最大化为中心，最典型的特征就是高福利。它们的首要目标是给员工提供令人满意和愉悦的工作环境，尽可能提供好的薪酬福利待遇，甚至是终身就业保障。它们相信满意和快乐的员工自然会照顾好客户，从而帮助公司为股东创造更好的收益。

员工利益导向的理想很丰满，但现实却很骨感。这些企业普遍运作效率不高，整体创造力和组织活力不足。尤其在当下的中国，以员工为中心的企业，普遍缺乏奋斗精神，很容易出现群体性的惰怠。长此以往，公司成长缓慢，必然会导致员工个人成长缓慢和回报下降。任正非就曾深刻地指出："我们希望员工像谷歌员工一样快乐，但我们不能提高员工满意度，因为员工不是客户，否则就是高成本。"

作为一家商业组织，谁能让客户长期自愿地掏腰包，谁就可能成为领先者。以客户为中心，是当今商业组织生存和发展的第一性原理。华为 35 年的发展史充分说明这个道理：任何一个想要发展壮大的企业的首要任务，都应该是持续地为客户创造价值。

真正要从骨子里认同以客户为中心，还需要解决好三个方面的问题。

第一，企业都在走向生态化，需要兼顾所有相关者的利益。这一点没错，但生态化的目的是什么呢？还是要为生态链中所有相关方的客户创造最大价值。华为、腾讯、小米赋能生态的目的，都是通过生态链的优势互补和网络化效应，更好地为客户（用户）提供服务、创造价值。

第二，企业属于商业性社会组织，必须要为社会创造价值。这一点也没错，特别是在共同富裕的时代背景下，企业必须担负起自己的社会责任。但是，为客户持续创造价值是为社会创造价值的首要条件。当一家企业不能为客户长期创造价值的时候，它连自己员工的温饱问题都解决不了，何谈社会价值。企业长期支持公益事业的基础，是以自身为客户创造价值的能力来保障的。

第三，客户和用户存在区别。二者可能合一，既是买单人也是使用者。或者二者分离，就像我们通常对 2B 和 2C 行业的划分。或者像教育行业买单的是家长，使用的是学生。这里，我们不在概念上纠结，统一用“客户”来指代。借用微软前副总裁陆奇的话就是：我们知道用户和客户在市场上有区别，他们未必是同一个人，客户是付钱的，用户是使用者。但价值创造本身是满足用户和客户需求的能力，本质上是一种能力。

全球咨询与服务机构 Forrester 的研究数据证明，客户中心型组织具有以下三大核心优势。

1. 以客户为中心的企业，最终能取得更好的收入业绩

客户体验到底会给公司带来多少实际收益呢？针对“上个财年，我们的收入至少增长了 10%”这一问题，在客户至上的企业中，47% 的员工认为能达到这个增长速度；但在无客户意识的企业中，只有 10% 的员工有信心能实现这一目标（见图 1–1）。

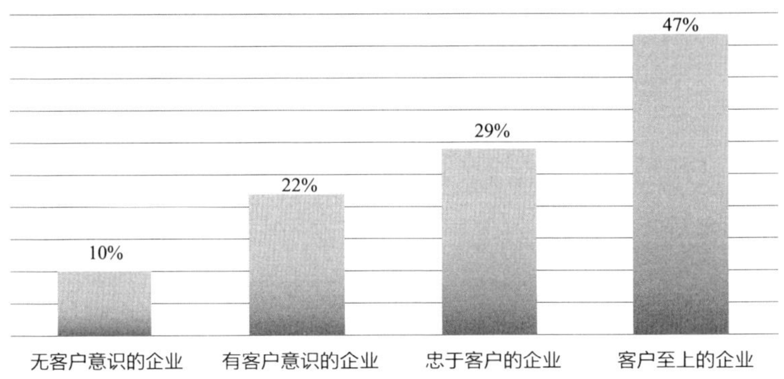

基础数据来源：1024位全球高管。

统计数据来源：Forrester′s Q3 2016 Customer Operating Model Online Survey。

图 1–1　客户意识对员工信心的影响

2. 以客户为中心的企业中，员工对企业的未来深信不疑

针对“你是否同意本公司产品和服务未来 5 年会成为业界一流”这一问题，客户至上企业中 92% 的员工会非常坚定地认为，自己企业在未来市场上是有领导地位的，员工对自己企业的产品和服务充满信心。相反，没有客户意识的企业中，只有不到半数的员工相信企业有光明的未来（见图 1–2）。

3. 以客户为中心的企业，快乐、敬业的员工更多

在客户至上的企业中，员工也会更加快乐，因此员工流失率也非常低。针对“员工很愿意为我的企业工作”这一问题，在客

户至上的企业中，94% 的员工回答是肯定的；而在没有客户意识的企业中，只有 22% 的员工回答是肯定的。由此可见，没有客户意识企业员工的主动流失率比客户至上企业要高出几倍（见图 1–3）。

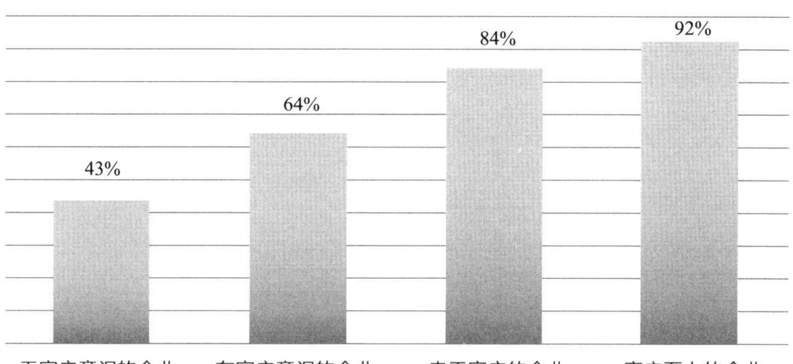

基础数据来源：1024位全球高管。
统计数据来源：Forrester's Q3 2016 Customer Operating Model Online Survey。

图 1–2　客户意识对员工关于企业发展前景看法的影响

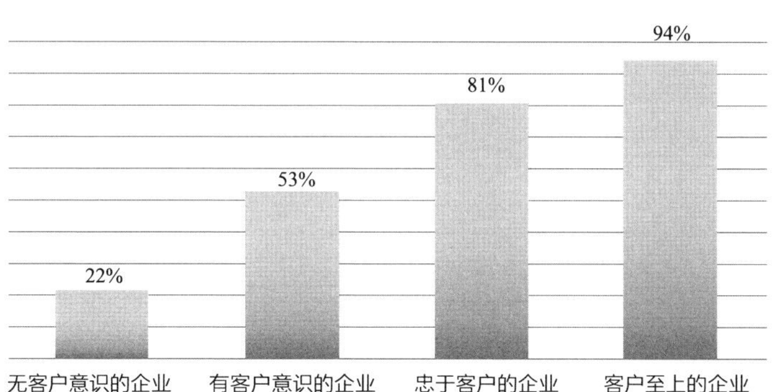

基础数据来源：1024位全球高管。
统计数据来源：Forrester's Q3 2016 Customer Operating Model Online Survey。

图 1–3　客户意识对员工忠诚度的影响

正如德鲁克所说，我们必须全力以赴地打造以客户为中心的美好组织。

第二节　以宗教般的虔诚对待客户

2002 年，世界著名电信运营商英国电信认证华为的供应商资格，曾经询问当时主管供应链的副总裁，为了保证客户满意，华为在供应链管理上有什么关键的考核指标。华为的这位副总裁非常自豪地回答，我们有“及时发货率”。对方听后使劲摇了摇头说：“对于我们这些客户而言，从来就不会关心所谓的及时发货率，我们只关心及时到货率。你们的指标完成了，而我们的货可能还在海上漂着呢。”话音刚落，在场的华为董事长孙亚芳已经羞愧难当。作为一家口口声声标榜自己以客户为中心的企业，居然也会设计出如此“自私”的考核指标。华为人逐渐明白，标榜“以客户为中心”容易，真正做到其实极其困难。

如果你“斗胆”审视一下自己的企业，你会发现类似的情况可能比华为更多。许多企业都标榜自己是以客户（或用户）为中心，但往往只停留在“嘴上讲、墙上挂、纸上写”，真正能够做到的寥寥无几。一份客户体验状况报告显示，只有不到 1/10 的受访公司能称得上“极其注重以客户为中心”。而“以领导为中心”“以自我为中心”“以技术为中心”“以部门为中心”的企业，却比比皆是。

为什么真正做到“以客户为中心”这么难呢?

从人性的角度来看，个人通常都是以自我为中心的。古希腊人称之为傲慢自大：傲慢得罪了上帝，并招致上帝的惩罚。王阳明在《书正宪扇》中，就曾告诫养子王正宪，做人不能太傲：“千罪百恶，皆从傲上来。”又告诫众人说：“古先圣人许多好处，也只是无我而已，无我自能谦。谦者众善之基，傲者众恶之魁。”华为把“坚持自我批判”作为四条核心价值观之一，并把它作为其他三条核心价值观的基石，道理就在于此。

再从“人与人”的角度看，组织中往往会以权力为中心，也就是以领导者为中心。只有接近权力，得到领导的认可，个体才会获得各种利益。领导者也往往会把奉承视作一种“忠诚”。在中国封建社会体制下，儒家文化演绎而成的三纲五常，更加重了这种局面的形成。

“以自我为中心”的个体性和“以权力为中心”的群体性，两者相互强化，最终导致企业价值体系的扭曲，偏离了“以客户为中心”这个第一性原理。

以客户为中心的组织，都是以宗教般的虔诚对待自己的客户。

华为将企业和客户的关系总结得很精辟：客户“虐待”华为千百遍，华为待客户如初恋；天天都是“520”。

近十年来，在全球许多重大自然灾害、政治、经济、贸易、冲突、战争等风险事件发生后，尤其在全球新冠疫情蔓延的情况下，华为人一如既往地与客户风雨同舟，时刻坚守岗位，保障了全球30多亿人的通信畅通，支持170多个国家和地区1500多张客户网络的稳定运行，并对全球200多起突发灾害及重大事件进行网络保障。

2020年初，新冠病毒突然暴发，中国武汉成为重灾区。在这个特殊时期，通信网络的正常运行至关重要。在这场与死神赛跑的战斗中，华为工程师们迎难而上，勇于担当，为协助开辟抢救生命的通信通道竭尽所能。从1月23日接到通知开始，3天内助力运营商开通火神山5G网络，10天内完成了视频会议系统、视频监控系统、网络调优的交付，可以支持医院顺利开展远程会诊、远程监护等业务。从1月23日武汉封城至2月14日，华为为支援武汉抗疫，累计受理网上问题445单，交付紧急备件181件，现场投入人员463人/天。

以客户为中心的企业，不仅要具有以客户为中心的文化理念，而且必须将这套价值理念植入公司战略和业务、组织运作、人才管理的各个方面。

1. 始终围绕客户的核心和未来需求，不断升级业务能力

华为的成长阶段可大致分为四个阶段：1987—1995 年，创业阶段，由代理业务成功转型为自主品牌；1995—2000 年，国内发展阶段，成为中国市场领军企业；2000—2010 年，海外市场高速发展阶段；2010 年以后，从 CT（通信技术）走向 ICT（信息和通信技术），从 2B 走向 2B+2b+2C（指大客户、中小企业客户和终端消费者），成为国际领先企业。

华为早期的业务选择，更多依靠的是自发状态下的以客户为中心，从 1998 年开始，华为才真正进入以客户为中心的自觉状态。

> 华为和爱立信在中国移动市场打了近 20 年，过去华为一直打不赢，调研之后发现，爱立信委派了几位解决方案的专家，长期驻扎在中国，帮助中国移动制订业务规划和网络建设规划。人家帮着客户解决如何高效运作的问题，你就只提供几款拳头产品，你能竞争过人家吗？不是产品比不过，而是客户价值上的本质性差别。把这个问题琢磨透之后，华为才真正走上了以客户需求为导向的解决方案之路。

在华为内部，以客户为中心的内涵有四个方面：以客户需求为导向，设计和交付满足客户需求的解决方案，快速响应和处理客户需求，以及全流程的“端到端”的高效低成本运作。任正非说：“以客户为中心，首先是推行基于客户需求的解决方案，做好解决方案，才能拿得到合同。”他又说：“华为的投资决策是建立在对客户需求去伪存真、由表及里的分析理解基础上的。已立项产品的开发过程，要基于客户需求来决定是否继续或终止。”

再看看任正非心目中的老师亚马逊。任正非曾说：“亚马逊的开发模式值得我们学习，一个卖书的书店突然成为全世界电信营运商的最大竞争对手，也是全世界电信设备商的最大竞争对手。”亚马逊之所以能够走到今天，正是因为亚马逊“构建一个以客户为中心的企业”的初心使然。当亚马逊需要决定是否对一个全新业务或服务内容进行投资时，其评判标准都是新投资能否满足客户的刚需、高频、高价值需求。所有的业务决策都基于一个简单的判断：这是不是客户真正需要的东西？

2. 持续打造以客户为中心的组织管理体系

据不完全统计，华为公司级重大业务和组织变革项目有20多项，包括20多年前的集成产品开发（IPD）、集成供应链（ISC）、人力资源管理、质量管理和财务管理，10多年前的领导力开发、集成财务服务（IFS）、客户关系管理（CRM）、从线索到回款的端到端流程（LTC），近几年的集成服务交付（ISD）、从战略到执行（DSTE）、从市场到线索（MTL）等等。

这些管理项目的核心目的，就是要打造一家真正以客户为中心的组织，帮助华为实现需求从客户中来、解决方案到客户中去的闭环管理。

1997—1999年	2005年	2009年	2011年	2013年	2016年
▪ 集成产品开发（IPD） ▪ 集成供应链（ISC） ▪ 人力资源管理 ▪ 质量管理 ▪ 财务管理	▪ 领导力开发 ▪ 集成财务服务（IFS） ▪ 客户关系管理（CRM） ▪ 全球大客户管理 ▪ 联合创新管理	▪ 贴近客户的组织 ▪ 面向解决方案的组织 ▪ 从销售线索到回款的端到端流程（LTC）	▪ 集成服务交付（ISD） ▪ 品牌管理 ▪ 从战略到执行（DSTE） ▪ 从市场到线索（MTL）	▪ 知识管理 ▪ 大零售变革 ▪ 存货账实相符	▪ 交易模式变革 ▪ 软件价值实现 ▪ 企业产品 + 解决方案的运营模式 ▪ 产品数字化

图 1–4　华为世界级管理实践和组织变革

华为的组织架构，从早期的职能性组织，到后来的融入事业部制思想的矩阵组织，再到现在的平台型组织，逐渐形成了客户、产品和区域三维度协同作战的组织形态，共同为客户创造价值。组织形态呈现“项目团队 + 区域平台 + 总部平台 + 外部合作伙伴”的特征。按照“一线呼唤炮火、机关支撑服务”的原则，总部平台既提供战略营销、基础研究、产品和解决方案、供应链、服务交付等核心业务支持，又提供干部及人力资源、财经、企业发展、质量与流程 IT、网络安全和用户隐私保护、公共及政府事务、法律事务、道德遵从、内部审计、华为大学等职能支持。区域平台负责各项资源、能力的建设和有效利用。不同国家的业务团队是客户经理、方案经理和交付经理组成的“铁三角”团队。

3. 组建一支以客户为中心的干部队伍

华为作为一个曾经的“三无”（无技术、无人才、无资金）企业，没有任何资源，依靠的就是 30 年来选拔和提拔了一批拥有钢铁般意志、敢于胜利、善于胜利的干部队伍。华为现在的 EMT（执行管理委员会）成员普遍是研发出身，平均任职时间达到 26 年。这些人都能传承、践行以客户为中心的理念，做到率先垂范、以身作则。华为的管理干部特别是高管，不仅仅是看业绩，更重要的是看品德，核心价值观是华为衡量干部的基础。以践行核心价值观为首要条件的干部队伍建设，是华为人力资源管理中最具特色的部分。

4. 拥有以客户为中心的分享和激励机制

事业共同体的基础是利益共同体。利益的本质是生存的机会，利益是大家走到一起来的根本原因。第一个是客户利益，谁给我钱，我就给谁干活。华为实行获取分享制，就是把为客户创造的价值作为组织激励的唯一来源。第二个是员工利益，尤其是奋斗者的利益，谁帮我挣钱，我就给谁分钱、分机会、分荣誉。华为以客户为中心的后面，紧接着就是以奋斗者为本，也就是以为客户创造价值者为本。华为的激励政策，永远是向价值创造者倾斜，从而形成了即使在生死存亡时刻，依然奋斗不息的大无畏团队。第三个是企业本身的利益，必须以“收入–成本”的价值为纲，企业才能实现永续经营。第四个是其他相关者的利益，在商业活动中考虑伙伴利益分享和社会价值贡献，从而实现企业与外部环境的和谐共生。

5. 建立以客户为中心的人才管理机制

有没有以客户为中心、以奋斗者为本，能不能长期坚持艰苦奋斗和自我批判，决定了你是不是一名合格的华为人。华为公司强调为客户创造价值，价值产出是唯一的评价标准。在华为什么是认可的绩效呢？只有内外部客户买单才算。同时，华为将核心价值观内化到干部任用、人才选拔、评价、晋升、荣誉表彰和长效激励等一系列人力资源管理制度中。

第三节　打造以客户为中心的组织三步法则

通过华为经验和多家高成长企业的咨询实践，我们发现以客户为中心的组织建设是一项系统工程。公司高管团队，特别是CEO（首席执行官），是这项工程的总设计师和实施领导人。在推动业务增长飞轮转动的同时，需要更加有力地推动组织力建设。以下五点需要管理层了然于心：

1. 客户痴迷是以客户为中心组织的本质特征

痴迷，往往用来形容追求者对爱慕对象（人或物）的极度专注。最容易理解的就是很多青少年对游戏的专心投入，沉浸其中，不能自拔。客户痴迷，是一种发自内心深处想要“取悦”客户的意愿和行为。像追求恋人般对待客户，理解客户需求并竭尽所能地去满足客户需求。

在数字化技术加速发展的背景下，商业环境更加透明，主动权、选择权和决策权都逐渐掌握在客户和消费者的手中。只有做到客户痴迷，才能成为商场上的赢家。

2. 使命驱动是以客户为中心组织的发展原动力

以客户为中心的组织都会对“为谁创造价值”和“如何创造

价值”这两大问题进行深入思考，从而提出了明确的使命、愿景和核心价值观，通过利他实现利己。华为的使命是把数字世界带入每个人、每辆车、每个家庭、每个组织，构建万物互联的智能世界。伟大的使命，能够激发出组织成员巨大的内驱力和创造力，从而竭尽全力地去满足客户的需求。

3.“平台化 + 分布式经营体”，是以客户为中心组织的结构特征

为快速响应外部的环境变化和客户需求，以客户为中心的企业既注重建设内部共享平台和机制，又鼓励建立高度自治、权责明确、功能闭环、规模不大的业务团队。分布式决策，是这种组织的最大特征。正如任正非所说，从过去司令指挥战争转变为班长指挥战争，让听得见炮火的人来呼唤炮火。谁来呼唤炮火，就应该让谁来决策。

4. 数字化共享机制，是以客户为中心组织的基本运作机制

一线人员要有效地行使决策权，就要求组织中的权力、信息、能力和利益被充分共享，就要求做到充分授权和风险可控的统一。要实现这个目标，决策信息需要高度透明，知识和经验需要沉淀

为人人可用的组织能力，也需要基于责任贡献来分享利益。

共享机制的建设，需要借助数字化技术手段来实现。数字化技术手段可以在线连接人、设备和流程等，对企业的内外部信息和数据进行更快、更深入的收集、整理和分析，帮助企业提升业务和组织的洞察力和决断力，真正实现数据驱动的业务发展和组织升级。此外，数字化技术手段能帮助企业建立数字化的工作环境和内外部社交网络，推动知识和信息的共享，大幅提高生产力。数字化技术手段还可以大大提高风险预判能力，保障企业的安全。

5. 人才管理机制，是以客户为中心组织的成败关键

用什么样的人，企业就会变成什么样子。以客户为中心的组织对人才管理提出了更高的要求，通过建立一套持续提升人才密度的管理机制，让每个人为客户创造价值的能力持续提升，其中至关重要的是中高层的领导力。自发协同是人与人之间的互动，此时，领导层就像催化剂，主要职责是赋能（如共创愿景、确定架构、提供辅导等），而不是管控（如制订计划、发布指令、实施控制等），他们积极为员工提供服务和支持，为团队扫除目标实现过程中的障碍，为员工提供快速成长的机会。

那么关键问题来了。如果你想将自己的企业也打造成为一个

以客户为中心的组织，究竟该如何行动呢？本书接下来的章节，我们将行动方案拆解成三大步骤，帮助你建立起以客户为中心的组织。

第一步：深入了解以客户为中心的“四梁八柱”，明白如何搭建以客户为中心的组织系统

打造以客户为中心的组织是一个系统工程，你需要先从组织架构、共享机制、人才管理机制和文化氛围这四个方面下功夫。本书第二章到第五章，就是帮你建设起组织大厦的四梁八柱。通过这四章的深度学习，你就能大致把握好以客户为中心的组织系统全貌。

第二步：实施组织变革，着手打造以客户为中心的组织

当你认识到客户痴迷的重要性，将以客户为中心作为组织发展的第一性原理，并知道如何打造一个以客户为中心的企业时，接下来就需要立即行动起来，通过组织变革调整，把现在的企业转变成为一个以客户为中心的企业。切记，你不但需要正确的组织变革策略和方法，更需要付出艰苦而持续的努力。本书第六章将为你提供组织变革的策略方案，助你把组织变革的成功概率从20%~30% 提高到 70%~80%。

打造以客户为中心组织的坚强后盾是必须建设一支强有力的高管队伍。高管团队是业务发展和组织建设的火车头，火车头如果不给力，组织建设就不可能做好。

美国军官准则里有一句话："永远不要忘记一个伟大真理，信誉与高尚行为的原动力必须来自最高层。"一个伟大的组织里，不可能人人都是 CEO，组织建设的过程就是一个用少数人来影响多数人的过程。本书第七章将帮助你转变思维方式和行为习惯，打造出一支强有力的核心管理团队。

第三步：持续对抗"熵增"，实现组织的不断进化

作为一个有机生命体，从熵增走向熵死，是一个永恒的命题，以客户为中心的组织进化没有终点。前面章节的学习，可以帮助你从现在的 A 点进化到 B 点，但你还需要从 B 点进化到 C 点，并持续进化下去。本书第八章将介绍组织进化的基本法则，助你实现组织的长治久安。

需要郑重提醒，每个组织都是独一无二的生命体。本书给出的是思路和方法，而不是答案。伟大组织的构建，需要企业领导人带领团队去寻找属于自己的解决方案。这注定是一场艰难曲折的成长历程。在成长中进化，在进化中成长，从而成为更好的自己。

让我们一起开启这场客户中心型组织的成长之旅吧。

第二章

组织阵法：以客户为中心的组织架构

说到组织，我们首先想到的往往是组织架构——一幅基于业务实现编制的排兵布阵图。企业的组织架构就像人体的骨架或者建筑物的钢筋龙骨，既各司其职又鼎力配合。组织架构决定了人与人之间如何分工，以及组织中权力如何分配，是一个组织能否实现高效运作的首要一环。

华为组织力之所以强大，首先是因为华为的组织编织能力强。华为认识到，要满足不断变化的客户需求，需要围绕客户需求来编排并不断调整组织架构。

在外界看来，华为是一家特别爱折腾的公司，创造了不少关于组织的新名词，比如铁三角、班长的战争、重装旅、军团作战等。事实上也的确如此。在华为的成长历程中，每 1~3 年就要进行一次大的组织架构调整，每年要进行一次局部的组织架构优化。下面就简要回顾一下华为组织架构调整的里程碑节点。

自1998年IBM帮助下的管理变革以来，华为开始形成一种客户需求驱动的流程化组织运作，以更快地响应和满足客户需求。2001—2003年，华为的组织架构逐渐转变为一种基于产品线运作和职能管理的矩阵型组织。组织架构和华为建立的IPD、ISC等业务流程实现了相互对应，真正体现了“业务决定组织”的设计原则；首次设立COO（首席运营官）职位，统筹管理所有直接服务于客户的业务经营活动；同时，将研发、销售、技术支援等在组织结构上的衔接关系明确出来，强化了内部的横向协同。

2009年开始，华为建立了一种“聚焦客户、责任清晰和运作高效”的多维矩阵架构。由战略和市场、研发、市场单元组织（MU）、业务单元组织（BU）、交付支撑平台和支撑性功能组织（FU）六大功能模块组成。

2011—2014年，为提升应变速度、敏捷性和灵活性，华为成立电信运营商运营集团、企业业务运营集团和消费者业务运营集团三大业务集团。在三大业务集团背后，又有三个平台提供支撑服务。第一个平台是“产品和客户解决方案”，其功能是整合内部研发资源，为三大业务集团的客户提供产品和整合ICT解决方案；第二个平台是区域销售组织，协助三大业务集团与世界各地的客户建立联系；第三个平台由数个共享功能平台组成，包括财务、人力资源、采购、物流和质量控制。

最近几年，华为的组织架构逐渐转型为公司、业务单元、区域、作战单元等各级“平台 + 业务团队”形式。华为轮值董事长郭平把华为的组织模式比喻成“眼镜蛇”，“蛇头”就是项目组（铁三角 / 班长的战争），以客户为中心，发现目标，迅速“攻击”，行动敏捷。“蛇身”就是平台，包括业务平台和职能平台，各块“骨骼”环环相扣，为蛇头进攻提供强大的后援支持。

只要客户需求改变，华为就能做到及时而高效地调整组织架构。表面上是组织架构的随需而变，背后却是华为在组织架构进化上的真功夫。

与一般公司喜欢追逐时髦组织模式的做法不同，华为更关注的是组织演变中的“不变”，也就是任正非所讲的，用规则的确定性来应对外部环境的不确定性。

不同组织架构的形态虽然各异，但从本质上讲都是分布作战的平台型组织。组织中的“分”是为了提高灵活性和自由度，目的是激发组织活力。所谓平台，就是组织内共享的资源和能力，即组织中“合”的部分。“合”是为了提高稳定性和统一，目的是建立组织的整体能力。把灵活和自由建在稳定和统一的基础之上，这个组织才有长久的生命力。

第一节　组织架构演变的分合之道

“一放就乱、一抓就死”——组织不变的挑战

《三国演义》一开篇就说：“天下大势，分久必合，合久必分。”对于商业组织来说，似乎也是如此。

小社会往往是大社会的写照，中国各个朝代的兴衰史，为企业组织的发展提供了很多启示。

> 西周“创业”之初，只是一个小国，但灭商之后实现了版图的迅速扩张。如何有效管理规模化的组织，西周采取了“封建亲戚，以藩屏周”的策略，即后来所称的诸侯分封制。西周王室成为“集团总部”，各个分封国家变成了自主经营的“业务单元”。随着部分诸侯实力的不断壮大，对资源的争夺开始加剧，“跨界打劫”的现象越来越多。伴随着资源的聚集，有实力的诸侯希望拥有更大的权力，朝廷总部的影响力在不断下降。
>
> 到了春秋战国时期，群雄火拼导致强起弱灭，先后出现春秋五霸和战国七雄。继续大鱼吃小鱼地“并购”下去，最终由大秦帝国“一统江湖”。
>
> 秦朝结束了五百年来诸侯分裂割据的局面，成为中国历

史上第一个以华夏族为主体、多民族共融的中央集权制国家。为了实现集权化的统治，防止诸侯割据的重演，大秦设立了各种严刑峻法。而这也最终激发了社会精英和底层民众的反抗，让大秦快速走向了灭亡。

西周的一放就乱，秦朝的一抓就死，从“分权”走向“集权”，灭亡依然是各个王朝的宿命。企业组织也面临同样的挑战。理论和事实一再证明，简单的集权或分权，都不是有效的组织模式。

“诸侯制”的企业里，更容易网罗和激励优秀人才，从而实现多个业务领域的快速发展。腾讯一段时期的组织架构，就具有典型的“诸侯制”特点。各个业务单元保持独立，对自己的业务有很大的决策权。

但是“诸侯制”也容易滋生“我的权力”“我的业务”“我的员工”的想法，把每个人局限在某个特定的领域，难以形成全局思考的大视野。“山头主义”或“本位主义”的出现，造成组织协同效率的下降，阻碍了以客户为中心目标的实现。

反过来看华为早期（2001 年之前）的“集权制”组织里，总部集中控制和统一分配资源，提高了组织协同效率。用一个大脑来思考、决策，对组织成员的主要要求就是高效执行。当环境变化不大时，这种阵型可以集中资源指哪打哪，发挥规模优势。但进入不确定时代后，这种模式的弊端就日益显现：（1）一个“大脑”很难跟上客户需求的快速变化，决策经常失准；（2）组织规模扩大和复杂度增加之后，集权制必然带来运营效率的下降；（3）再往长远看，权力集中让组织始终无法摆脱对关键人物的严重依赖。

从以上分析可以看出，任何组织要想长期有效运转，是一件极其困难的事情。要想破解这道难题，首先需要明白组织架构演变的底层逻辑。

组织的基本要求：内部运作效率和外部适应性

人类社会从自然经济走向市场经济，在这个过程中通过分工协作突破了个体能力的局限。无论是建一栋楼房，还是造一艘航空母舰，有组织的活动都有两个基本且看似对立的要求：一方面要把这个活动拆分成不同的步骤或任务；另一方面又要将各项任务协调整合起来，以便实现最终的目标。在市场竞争环境下，优胜劣汰对组织进化提出的内在要求就是不断提高效率。

亚当·斯密在《国富论》中举了一个著名的制造大头针的例子，他说，在大头针工厂中，如果 10 个人分工合作，每天每人平均可以生产约 4800 枚大头针。但如果他们单打独斗，那么每天每人的平均产量还不到 20 枚。也就是说，分工后的效率提高了

200多倍。

正因如此，从工业时代开始，分工理念快速被企业家和管理学家所接受。

> 20世纪初，福特公司推出基于流水线生产模式的T型车。同时期其他公司装配出一辆汽车需要700多个小时，而福特工厂仅仅需要12.5个小时。T型车让福特成为美国最大的汽车公司，创造了现代工业史上的奇迹。

但是好景不长，当众多企业开始提供多样的产品选择时，市场就开始转向了买方市场。丰富的产品选择让客户对产品的理解更加深入，在选择的过程中又激发出他们对产品个性化的需求。进入这个阶段，只有那些能够敏锐捕捉并满足客户需求的企业才能继续取得领先，生产效率不再是取胜的唯一因素。

这就需要组织在未来的发展中具备更强的捕捉和满足市场需求的能力，即对外部市场的灵活响应和快速适应性。

诺基亚在手机市场的陨落以及胶卷大王柯达的衰落告诉我们：在剧变的市场面前，再大的公司都需要时刻保持敬畏，具备不断适应环境的进化能力。

归纳而言，组织内部运作效率和外部适应性，是现代组织需要同时面对的两大挑战。

组织架构演变的历史

过去几十年来，企业沿着提升内部运作效率和外部适应性这两条主线，在不断地进化组织架构，形成了以下基本的演变路径（见图 2-1）。

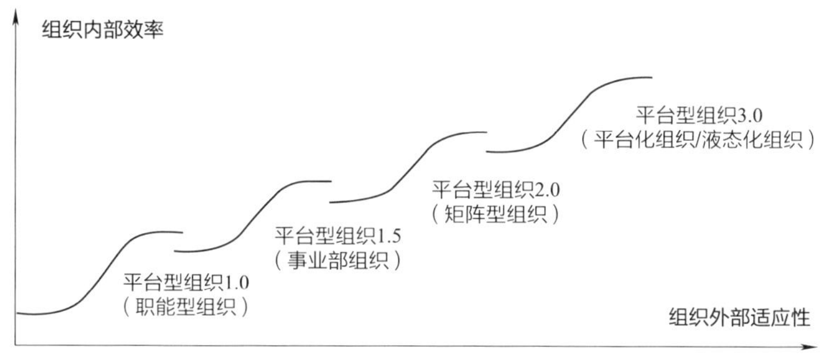

图 2-1 组织架构演变的历史

职能型组织是组织架构的最初状态，我们将其定义为平台型组织 1.0。事业部组织是它的升级版本，但这种升级不是本质上的进化，仍然以"集权管控"作为主要手段，我们将它定义为平台型组织 1.5；矩阵型组织是平台型组织的中级阶段。相比前两种组织架构，矩阵型组织产生了本质上的变化，以"业务流程 + 分权管控"作为主要手段，因此我们将其定义为平台型组织 2.0；现在大家普遍认知的平台化组织或液态化组织是平台型组织的高级阶段。这种组织架构以"外部客户需求 + 内部自发协同"作为主要手段，属于平台型组织 3.0（见表 2–1）。

表 2–1 平台型组织的不同发展阶段

平台型组织的不同阶段	组织架构形式	主要特征和关键区分点	典型案例
平台型组织 1.0	职能型组织	• 以专业化分工为主 • 较少共享资源和能力 • 以权力为主要协调手段，通过领导和自上而下的管控实现协同	华为（1987—1998）
平台型组织 1.5	事业部组织	• 以业务 / 产品拆分为主 • 有一定的资源和能力共享 • 以权力为主要协调手段，通过总部和自上而下的管控实现协同	美的
平台型组织 2.0	矩阵型组织	• 兼顾专业化分工和业务 / 产品拆分 • 有较强的资源和能力共享 • 以业务流程和权力进行双线协调，通过横向流程和纵向管控实现协同	华为（1999—2015） IBM 宝洁
平台型组织 3.0	平台化组织 / 液态化组织	• 共享 / 赋能平台 + 分布式经营体 • 内部资源和能力充分共享 • 以外部客户需求和文化纽带作为主要协调手段，通过市场化（获取分享制）和自我驱动的方式实现协同	华为（2016 年至现在） 阿里巴巴 腾讯 亚马逊 字节跳动

当然，上述演变过程只是一个简化版的理论模型。具体到每个企业，并不会完全遵循其中的演变次序。比如，一个企业完全可以从平台型组织 1.0 阶段直接跨越到 2.0 阶段，而不需要经历平

台型组织 1.5 阶段。在 IBM 的帮助下，华为的组织架构从职能型组织直接跨越到矩阵型组织，而没有经历事业部组织的发展阶段（见图 2–2）。

图 2–2 华为组织架构演变的 3 个阶段

《华为公司基本法》曾经系统描述过这样一种组织架构——“按战略性事业划分的事业部和按地区划分的地区公司”。但这种“事业部”的组织架构，华为只做了短暂尝试，并没有真正实现。华为的各个运营集团（如电信运营商运营集团、企业业务运营集团和消费者业务运营集团）形似事业部组织，但在实际运作上和传统的事业部组织差异巨大，矩阵特征极其明显。

进入数字化时代以后，借助高度整合的数字化技术工具，字节跳动等少数新型互联网企业的组织架构快速迭代进化，迅速从平台型组织 1.0 跨越到平台型组织 3.0。但根据我们的观察和咨询实践，完成这种跨越的企业数量还不多。因此我们认为：外部环境的快速变化和数字化技术的普遍使用，加快了组织的演进速度，但是否完全打破了上述演进路径，仍有待观察。

平台型组织的初级阶段（1.0~1.5）

职能型组织是组织结构中最简单的组织架构，历史悠久，现在仍在被广泛使用，尤其适合初创型企业。职能型组织结构简单、权责明确，能够让初创企业快速提升组织效率。

职能型组织的核心就是专业化分工，通过分工将工作细化，提升每个单项工作的效率，从而形成整体的效率优势。

从了解客户需求到满足客户需求，在企业内部会形成一个价值增值的过程，即工作流程。我们以产品生产为例，从用户需求到产品交付的流程非常清晰：

当业务需求不大时，这个生产过程一个人就可以完成；但是如果订单的需求量增长很快，我们就需要扩充组织成员，让更多的人参与到流程之中，开始考虑让某些人专门负责订单处理，把另外一些人分配到产品加工过程中，通过分工来实现生产效率的不断提升。

随着需求的增加，企业会继续增加人手。在稳定的业务流程和专业化分工的基础上，企业会逐渐完成一些部门设置。部门划分的主要维度是关键职能。此时，最简单的职能型组织架构已经完成。

在职能型组织形成的过程中，我们可以发现，这种组织最突出的优点就是高效，整个组织就是一个高效运行的“机器”，用专业化不断实现精益化。

度过初创期之后，随着企业的规模化发展和复杂度增加，这种模式的短板开始凸显：（1）人员不断扩张，导致跨部门沟通成本上升。为了克服沟通上的障碍，组织内部需要增加很多协调者的角色。（2）长期高度分工导致员工养成只关注局部的习惯，“部门墙”将是一个难以逾越的挑战。（3）产品 / 地区多样化之后，面临着组织的适应性问题。当组织增加了新的产品品类，甚至可能是跨界产品时，工作效率会随着产品类别的增加而降低。

华为也不例外。刚成立的时候只有 18 名员工，1995 年，员工总数上升到接近 1000 人，到 1998 年底，员工总数已经达到 8000 多人。业务的快速扩张和人员的快速膨胀导致内耗严重，横向协同困难。职能型组织架构的弊端日益突出，已经变成公司发展的障碍。

为了快速响应客户并降低组织内耗，大多数企业在度过创业期之后，就开始考虑另外一种组织模式——事业部制，也就是业务部门的单元化。比如，美的集团组织架构就是典型的事业部制。总部将盈利的责任下放，将各产品经营部门转变为经营主体和利润中心。各事业部集研发、采购、生产、销售和服务于一体，独立经营、独立结算，而集团则成为战略投资、管理监控和服务中心，把握企业的总体发展趋势和未来方向。

事业部制的特点就是在组织内部以业务 / 产品为单位进行拆分运营，主要具备以下三大优势：

第一，从集权的单中心决策走向了分权的多中心决策，通过更大的自主权和清晰的目标界定来提升组织的效率和活力，使组织在多产品运作下仍然保持较强的适应力。

第二，实现了效率提升的第二曲线。当产品种类增多时，在职能型组织模式下需要增加更多的协调者角色，从而极大地增加内部沟通协调成本。事业部制度采取了独立经营方式，将臃肿的组织拆分为灵活的业务单元，使得各个板块仍然可以保持原有职能型组织的高效状态，同时也大大降低了管理层的决策负担，提升了决策效率。

第三，短期内，市场适应性得以提升。面对新的市场机会，通过组建相对独立的事业部可以快速抓住市场机会，同时又不会对原有的组织产生过大影响。

但是，这样也带来新的问题。事业部制组织模式的主要缺点是：事业部的自主权越大，离心力也就越大。小的事业部像一粒沙子，大的事业部像一颗石子，组织黏合的过程中，对“混凝土”的要求很高。美的 CEO 方洪波是位黏合高手，但大部分企业却很难在分合之间做到均衡驾驭。

此外，事业部组织模式偏向于短期利益，缺乏长期发展的前瞻布局。各个事业部独立运营带来视野的局限和能力的分散。短期来看组织是高效的，但长期来看将难以为客户持续提供高价值的服务。

平台型组织的中级阶段（2.0）

为了进一步提高组织效率和外部适应性，从 20 世纪中后期开始，矩阵型组织纷纷登场。企业可以选择从职能制直接走到矩阵制，也可以在事业部制的基础上，通过对职权的拆分，形成矩阵式架构。

矩阵型组织的最大特点，就是在组织中增加了横向线条（按产品、业务、项目、服务等），组织中同时存在传统纵向和新增横向的“双线”管理模式。

1999 年，华为开始在 IBM 的帮助下，实施 IPD（集成产品开发）变革项目。IPD 变革之后，华为的研发不再仅仅由研发部门主导，其他各个部门，如市场部、生产部等，都要参与到产品开发过程中。华为开始形成一种“产品线 + 资源线”的矩阵型管理结构（见图 2–3）。

	无线产品PDT	宽带产品PDT	传输产品PDT
市场部	无线产品市场代表	宽带产品市场代表	传输产品市场代表
生产部	无线产品制造代表	宽带产品制造代表	传输产品制造代表
用户服务部	无线产品服务代表	宽带产品服务代表	传输产品服务代表
中试部	无线产品中试代表	宽带产品中试代表	传输产品中试代表

产品线：管市场、管财务成本

资源线：管技术、管人才

注：PDT 指产品开发团队。

图 2-3　华为 IPD 变革后的矩阵型管理结构（2003）

纵向上，矩阵制继承了职能制的优势，通过专业化分工形成能力的深度，提升组织效率。横向上，由特定的用户需求、项目、产品等发起组建，可以实现“即插即用”，灵活满足市场和客户的需求。

在横向的项目 / 产品系统中，没有固定的工作人员，而是随着任务的进度，根据工作的需要，从各职能部门抽人参加，当项目完成之后再释放回原来的职能部门。因此，成员根据角色的不同，一般接受双重领导——产品 / 项目负责人和所属职能部门的领导。

在对职能制和事业部制继承与发展的基础上，矩阵制形成了独有的优势：

组织效率持续提升。项目组运作的核心仍然是分工，通过从组织内部选取所需要的人员实现项目的高效运转。

更快、更好地对外部环境做出反应。作为外部市场和企业互动的连接器，项目经理可以在职能部门的支撑下，根据市场需求快速做出决策。在面临不确定变化时，组织的外部适应能力会更强。

职能的发展可以沉淀并持续发展，从而将组织能力建立在整个组织上。在组织内部形成不同类别专项能力的人才资源池，这些能力的长期深化与沉淀，能让组织具备持续为客户提供优质服务的专业能力。

因为颠覆了传统的单一领导模式，矩阵型组织对组织文化和管理能力提出了双重高要求，大部分企业因无法驾驭而选择放弃。更进一步，进入不确定时代之后，矩阵型组织行动力迟缓的毛病越发暴露出来，三大优势的价值呈递减趋势。

以华为为例，从直线职能制发展到二维矩阵，再到全球化阶段以客户为主导的多维矩阵，曾经为华为多产品线的全球化发展做出了巨大贡献。但随着华为的组织规模持续扩张，权力和资源配置开始出现远离前线的现象，大量的资源消耗在内部多线条的沟通协调上，满足客户动态需求的能力大幅下降。2016 年之后，华为开始了新一轮的组织演进。

平台型组织的高级阶段（3.0）

进入 21 世纪之后，随着技术的快速进步，企业的运营效率得到了大幅提高，主要矛盾越来越体现在企业自身的灵活变化和快速响应能力与市场需求的快速变化不匹配上。通俗地讲，就是反应不够快。

因此，如何打造一个“快反”组织，成了当下企业的核心课题。在这种背景下，平台化和液态化组织应运而生。

以华为为例。华为目前的整体组织架构就是一种平台化组织。在某些创新业务（如智能汽车解决方案业务单元）上，又具有液态化组织的特征。集团职能平台是华为的中央平台，是作为统治抓手的后台组织；各个业务单元和产品 / 解决方案部门是中台组织，是支撑差异化业务发展的作战支持平台；区域组织是前台作战组织。当然，前台、中台和后台只是公司组织里面一个相对的概念。在区域组织中，也可以进一步细化出中台的组织。以“班长的战争”为例，代表处系统部的“铁三角”是一线作战组织，而地区部的重装旅就是中台组织，为“铁三角”提供炮火支持（见图 2–4）。

通过对组织架构演变历史的梳理，我们可以发现：平台型组织的更高阶段不是对前一个阶段的简单否定和替代，而是在继承前一阶段成果基础上的发展演进。事业部组织中包含了职能型组织，继承了职能型组织分工带来的专业化和职业化优势；矩阵型组织中包含了事业部组织和职能型组织，既享有职能型组织带来的专业规模效益，又享有事业部组织带来的快速反应能力。而平台化组织则在不同层面将前面的 3 种组织工具组合起来，更好地兼顾了内部工作效率和外部适应环境能力，成为目前为止最以客

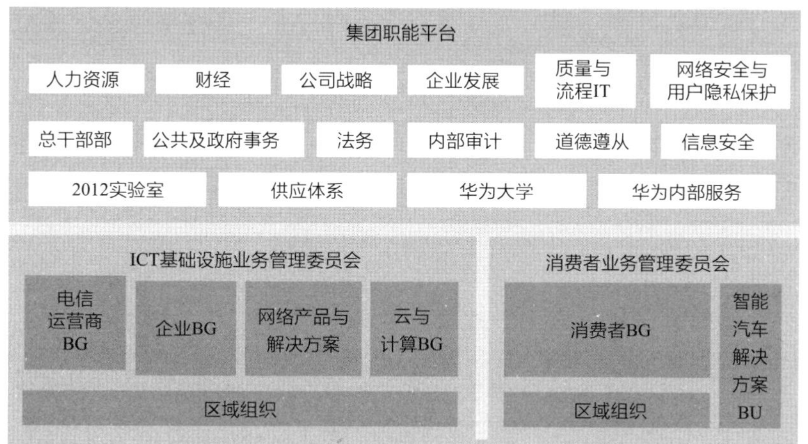

注：BG 指业务运营集团，BU 指业务单元。

图 2–4　华为的平台化组织架构（2022）

户为中心的组织模式。

因此，如果没有对职能型、事业部型和矩阵型这 3 种组织发展脉络的理解，我们就无法准确把握平台化组织的全貌。

第二节　以客户为中心的组织架构：平台化组织和液态化组织

平台化组织

平台化组织是“共享 / 赋能平台 + 分布式经营体”的组织模

式。就像人的手一样，有分就有合，伸开手，则抓取灵活；攥成拳头，则出拳有力。共享平台就是合，是整个组织的能力中心，提升组织的整体效率；分布式经营体就是分，是整个组织的响应中心，提升组织的外部适应力。平台化组织的基本范式是将组织拆分为“前台 + 中台 + 后台”的组织模式。很像足球队阵型，分为前场、中场和后场。前台聚焦满足市场、客户需求；中台聚焦业务能力的建设，支持前台业务需要；后台聚焦组织的长远、可持续发展。

前台

20 世纪初，美军进行了“目标导向、灵活应对、快速制胜”的组织模式改革，构建“军政”（养兵）、“军令”（用兵）两大流程，明确各流程的范围、定位、职责、边界、关联协同机制，根据战争规模和战场形势，配置一线集成作战多专多能的前台团队——班长。

班长拥有应对不同作战场景的平台和武器装备，可依据战场形势及时向后方呼唤炮火和资源，支撑其现场作战，自我决策。

美军“班长 / 特种部队（小前台）+ 航母舰群（大中台）”的组织方式是典型的“小前台 + 大中台”运营模式，让战斗的决策链更加扁平，完美地体现了小前台的敏捷优势。十几人甚至几人组成的特种部队，在战场上可以根据实际情况迅速决策，引导实施精准打击，降低人员消耗，快速取得战斗胜利。

套用到企业里，前台是直接接触、服务客户的业务团队，动态把握并满足客户的需求。同时，前台还要聚焦客户需求的变化，驱动组织自前而后的变革调整，为客户提供更长期的高价值服务。

在具体的组织形式上，前台可以有三种不同的选择：

• 科层制团队：在企业的业务模式已经成熟或者产品已经取得阶段性成功之后，企业开始进入产品红利期，这个时候，提升团队执行效率将会带来更高的收益。在业务快速扩张期，美团前台地推团队采取的就是科层制模式。美团的科层制团队共有 3 层结构——“大区经理—区域经理—城市经理”，借此快速扩张市场份额。

• 项目制团队：对于解决方案型产品来说，在给客户提供服务的过程中需要具备不同技能的人员共同参与，项目制具有更大的优势。华为的“铁三角”团队就采取了典型的项目制运作模式，包含客户经理、方案经理、交付经理这三个核心角色。这样的项目小组在前端功能上形成小闭环，可以直接解决客户的问题，大大提高了服务大中客户的响应速度。

• 创新型团队：创新项目的业务模式还在探索阶段，往往需要更加灵活、多样的团队模式。在打造这样的团队时需要关注三点：第一，弱管理。新业务的孵化就如同小型的创业公司，在选择了合适的项目负责人之后，应该充分信任项目团队，最大可能地激发他们的活力。当然，弱管理并非无管理，要在项目的发起、评审等关键节点上把控项目，实现快试错与快纠错的融合。第二，强支持。利用平台的优势提供新业务所需要的配套资源。第三，高容错。在新业务孵化期内，需要给予足够的试错空间和宽容失败的环境。华为对创新业务的容错率大致为 50%。

2020 年，任正非在接受央视记者董倩采访时，曾经讲过一个俄罗斯员工的故事。这个俄罗斯小伙打通了 2G 到 3G 的算法，帮助华为发明了通信利器 SingleRAN 技术。这项技术能够让不同的通信制式（如 GSM、CDMA、WCDMA、LTE 等）使用同一套基站设备，它给整个通信业带来了一场“革命”，也给运营商节省了大量的设备建设和维护成本。在发明这个算法之前，这位数学天才已经在华为工作十几年，天天就是研究数学。主管研究的人去看他，这位既不汇报工作，也不热情接待领导。正是华为给予了这些创新人才充分的信任和宽容，他们才有足够的自由时间，一门心思去突破前沿领域的关键技术。

根据业务特点和发展阶段，前台团队可以选择不同的组织形式，这样就可以保证既享受当下的业务红利，也具备拓展新业务的长远布局。现在很多企业也在效仿谷歌，允许产品和技术工程师拿出 20% 的时间来研究自己喜欢的项目。

要想打造出高绩效的前台团队，还需要遵循一些共同的工作原则：

• 业务目标导向：除了创新业务，前台是组织利润的最直接来源。因此，打造高绩效的前台至关重要。业务目标导向是高绩效组织的重要特征，前台不仅要洞悉用户的需求，还需要用已有产品或者服务去满足用户的需求。

• 团队规模要小：要保证前台的敏捷性，团队的规模就不能太大。亚马逊有一个著名的“两个比萨”原则，团队人数为 6~10 人，这样加班时两个比萨就能吃饱。

• 功能与权责闭环：在功能上，前台团队内部需要实现服务客户的最小功能闭环，以达到敏捷反应的要求。以往都是由总部发出指令，现在需要充分赋予前台团队更多的决策权。平台化组织的经营决策权采取分布式：前台决策，中台响应，后台平行把控风险。华为向美军学习，提出了打赢一场“班长的战争”的口号，要求班长根据战争规模和战场形势，有效组合、配置一线集成作战的多专多能团队，实现随需而变的自主决策。

• 班长的领导力：前台团队在决策和资源上都被赋予了更多的自主权。要想实现团队的高效运转，对项目组负责人，或者说班长的领导力，尤其是对市场洞察力和业务决断力提出了更高的要求。只有做到加大授权和能力提升的同步，才能打造出卓越的前台团队。

为了实现“班长的战争”的胜利，任正非在《谁来呼唤炮火，如何及时提供炮火支援》的讲话中提出，华为应通过全球流程集成，把后方变成系统的支持力量，沿着流程授权、行权、监管，以实现权力的下放，摆脱中央集权效率低下、机构臃肿的弊病，实现客户需求驱动的流程化组织建设目标。经过两年多的探索，华为从过去的中央集权式管理，变成“让听得见炮火的人来呼唤炮火”的分布式决策模式。

华为的“铁三角”是前端作战单元，在前端团队的权力配置上充分体现了权责的对等性。“铁三角”包含客户经理（AR）、方案经理（SR）、交付经理（FR）三个核心角色。华为引入项目制授权，赋予项目铁三角相应权力，让听得见炮声的人来呼唤炮火，从而快速响应客户需求并赢得白热化的市场竞争（见图 2-5）。

中台

中台的构建，首先就是为了实现对业务资源的有效管理。在以往业务探索和发展中形成的经验、知识或者能力都是组织的重要资产。中台的建设，就是为了更好地提炼、分类，实现业务能

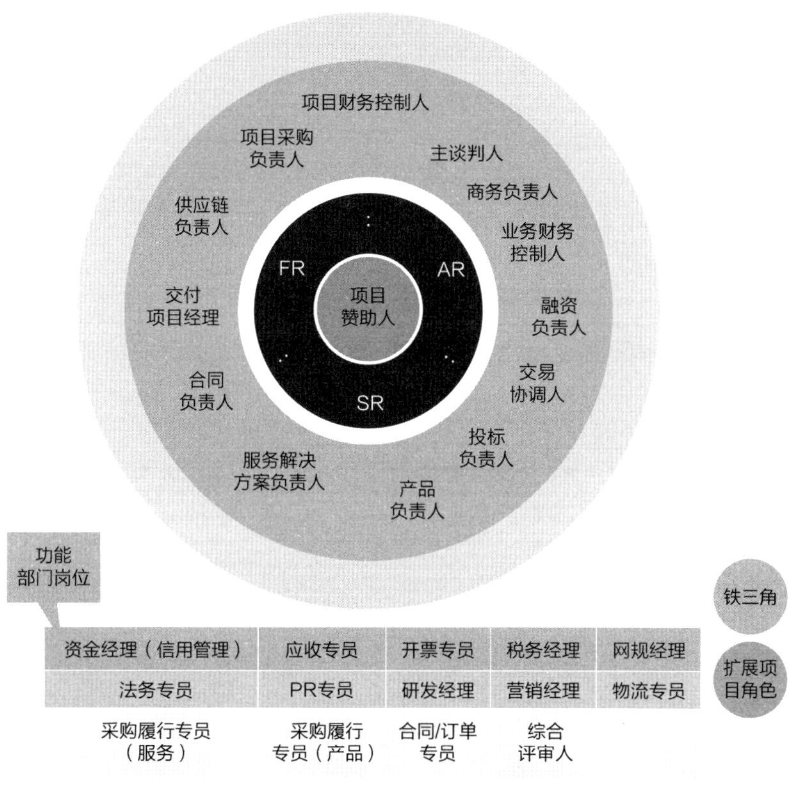

图 2-5　基于铁三角的项目管理团队构成体系

力的积累和共享，增强业务的核心优势；也是为了实现对前台的有力支撑。此外，中台的建设还能降低组织的整体运作成本，确保“好钢用在刀刃上”。

中台可以大致分为两类：业务中台和数据中台。前者聚焦业务及相关技术能力的建设，实现对业务 / 技术能力的共享和发展；后者聚焦业务开展过程中的数据分析与挖掘，提供业务洞察与决策赋能。

业务中台

业务中台搭建的目的是直接支持前台的需求。我们可以把企业内部的典型业务活动分为三种，对应业务中台的如下三种类型（见表 2-2）。

表 2-2　三大业务中台的能力建设

<table>
<tr><th>价值定位
业务中台类型</th><th>协同</th><th>高效</th><th>稳定</th><th>创新</th></tr>
<tr><td>市场营销</td><td colspan="2">客户关系能力建设：
• 洞悉用户需求变化
• 客户会员体系建设
• 处理投诉
• 客户活动策划与执行
营销能力建设：
• 消费者画像描述及行为变化
• 营销工具建设及效果评估
• 媒介内容的创新</td><td></td><td></td></tr>
<tr><td>产品和
技术研发</td><td></td><td></td><td colspan="2">• 洞察前沿技术发展趋势
• 技术及产品中短期发展规划
• 技术开发能力的固化与标准化
• 产品的开发与定义
• 外部资源的管理及维护</td></tr>
<tr><td>供应链</td><td></td><td colspan="2">• 资源配置过程的优化
• 生产工艺、流程及技术的标准化
• 订单、生产、运营过程的管理与监督
• 供应商管理与开发</td><td></td></tr>
</table>

• 市场营销：一般有两种选择：当关注客户关系能力建设时，业务中台应该发挥客户资源整合功能，建设强有力的客户分析及维护工具；当关注营销运作能力建设时，业务中台应该沉淀、打磨以消费者为中心的行为洞察、营销规划与效果反馈工具。

• 产品和技术研发：在洞悉客户需求的基础上，应该致力于全局性的标准化建设与维护，以及前瞻性的创新研究。

• 供应链：通过对供应链业务流程的持续优化，侧重提供降本增效工具，建立内部统一的管理标准，实现在订单管理、资源调配、工艺、采购等环节的运营成本最优。

中台的价值定位，可以归为以下四类：

• 协同：中台的主要作用是进行资源整合，将组织内部的通用资源（如会员系统、支付系统等）进行聚合，在实现聚集效应的同时减少组织内部跨单元的沟通成本。

• 高效：中台侧重工具库的建设，将业务环节中可模板化、模块化的应用进行提取，如数据分析工具、客户关系系统等，可以避免不同业务前台重复开发的问题。

• 稳定：中台作为标准的制定者，为不同业务单元的过程管理（如开发、生产等）与结果管理（如质量、交付等）建立相对统一的标准体系，保证企业运作的系统稳定性，为客户提供稳定可靠的产品与服务。

• 创新：中台被视为组织前沿技术的研究者，负责前瞻性技术趋势洞察、基础学科的应用研究，致力于引领性或颠覆性发展。

由于不同企业业务特点和阶段性目标的差异，业务中台建设时，应该根据具体需要有所侧重，确定阶段性建设目标的优先级。同时，不断调整中台的组织模式，动态匹配前台业务的需要。

数据中台

数据中台的目标是：一切业务数据化，一切数据业务化。

数据中台主要是对业务过程中产生的数据进行整合、共享及深度分析，洞悉业务深层次痛点及发展趋势，为前台的决策赋能。在业务过程中，通常会产生海量的数据，其中有两种类型的数据应该优先处理：

• 客户导向型数据（如消费者画像、行为趋势等），可以帮助我们洞察消费者需求，挖掘消费者全生命周期价值。

• 效率导向型数据（如订单出错率、订单取消率等供应链数据），可以帮助企业整体识别最优运营方案，提升整体运营效率。

企业追寻业务的持续性增长，但这种增长不能只局限于研究外部市场机会，也要注重对业务发展过程中的数据挖掘，这才是企业数字化的核心价值。

要想达到中台赋能业务发展的目标，中台需要具备以下三种能力：

• 卓越的能力和专业特长：中台要想扮演好业务顾问角色，就必须深刻理解前台业务需求，提供高效的产品和解决方案，这样才能嵌入前台的业务之中。

• 内部服务：中台要向前台靠拢，主动满足前台的业务需要，主要体现在服务的耦合度和服务意识两个层面。比如，定期对中台服务团队进行 360 度内外部客户满意度调查，这样既可以监督内部服务质量，也可以为团队服务能力提升提供有效的参考。

• 创新意识：为了更好地实现以客户为中心的变革创新，就需要提高容错能力，让中台更具创新意识。例如阿里在评估业务创新时，就允许出现一次 P1（最高等级）故障或者两次 P2 故障，这些故障不计入服务稳定性的考核指标。

后台

后台是企业运作的基石，要想前台更敏捷、中台更强大，后台就必须足够稳固。后台的建设可以融入中台之中，也可以单独剥离出来。后台主要有两类核心功能：监督与管理、赋能与支持。

监督与管理：主要体现在管人、管制度和管风险

• 管理关键干部：组织是人的集合，组织规模扩张时，面面俱到的管理会增加管理成本，使组织失去活力。管理要学会杠杆原理，通过管理关键少数来带动全体组织成员的价值创造。干部队伍的管理，一直是华为人才管理的重中之重。

• 管制度：制度体现了组织运行的规则、边界和行为准则。制度建设作为后台的核心武器之一，能够直接影响全员的行为，传递组织的文化和战略意图。华为通过制度建设来统一全员的思想

认识和行为规范，达到了四两拨千斤的效果。

• 管风险：后台的重要角色之一就是风险把控者，监督企业运行过程中存在风险的地方。作为组织内部的“执法”机构，后台的内审部门和道德伦理委员会等，担负着风险防控的职责。

任正非曾在公司监管体系座谈会上表示，一个组织要有铁的纪律，没有铁的纪律就没有持续发展的力量。华为发展到如今这么大的规模，却很少爆出贪腐事件，监督体制的建设很值得其他企业借鉴。

在华为内部，设置了三道防线：

• 第一道防线：业务主管 / 流程 owner，是内控的第一责任人，在流程中建立内控意识和能力，不仅要做到流程的形式遵从，还要做到流程的实质遵从。华为要求业务主管不仅要具备业务能力，还需要具备风险控制能力，需要通过流程化解 95% 的风险。

• 第二道防线：内控及风险监管的行业部门，针对跨流程、跨领域的高风险事项进行拉通管理，既要负责方法论的建设及推广，也要做好各个层级的支持赋能。为了帮助业务主管胜任风险控制的职能，华为在内部设置稽查部和内控部，帮助业务主管熟练管理好自己的业务。

• 第三道防线：内部审计部是司法部队，通过独立评估和事后调查建立威慑力。内部审计作为监督体制的兜底机制，通过组织赋予的特殊权力来防范“人性之恶”。

后台监管的目的，不是降低业务运转的速度，而是让业务运作透明化和实时受控，从而实现企业的长期健康发展。

赋能与支持：主要体现在智库支持、资源支持和效率提升

- 智库支持：着眼于企业的长期发展和长期利益，积极开展战略洞察，提供方案咨询、政策建议和决策支持，帮助企业规划战略及确保战略的落地执行。
- 资源支持：后台需要帮助企业实现人力资本、财务资本和组织资本的不断增值，为新业务做好获取优秀人才、外部融资、政府事务、公共关系、企业文化建设等支撑性工作。
- 效率提升：在不同的发展阶段，组织面临不断变化的外部环境和业务诉求。后台需要通过不断探索体制机制创新，帮助组织提升整体运作效率并规避风险。

液态化组织

液态化组织是一种简化版的平台化组织。当企业的业务规模相对小，或者更依赖小团队自主创新驱动时，不需要搭建过重的

共享平台，而更偏重于通过激发个体的创造力和主动性，实现业务的快速迭代式成长。

液态化组织通过释放个人的潜能而激发内部创新，本质上是创新 / 创意驱动型组织。它是一种扁平化组织，部门边界模糊多变。在企业内部，员工自由流动，主动突破组织边界形成跨团队工作组，以满足业务快速发展的需求。

液态化组织采取分布式决策，每个人都参与或被赋予决策的权力，每个人也都可以做出决策。如何将超强的个体能力转变为组织合力，是液态化组织需要重点解决的问题。

为了在激发个体创造力的同时解决聚合难题，液态化组织采取“自治”和“强文化纽带”双管齐下的管理模式。

从“控制”到“自治”

与一般平台型组织相比，液态化组织中，更加强化了分布式的决策方式。在组织所倡导的方向上，每个个体都有可能自发地参与决策过程。

自治是一种更加人性化的管理模式。字节跳动就把握了这一秘诀，创始人张一鸣在 2017 年就提出内部组织建设遵循“Context，not control”的理念。

➢ Context 是指决策所需要的信息集合，包括原理是什么，市场环境如何，整个行业格局如何，优先级是什么，需要做到什么

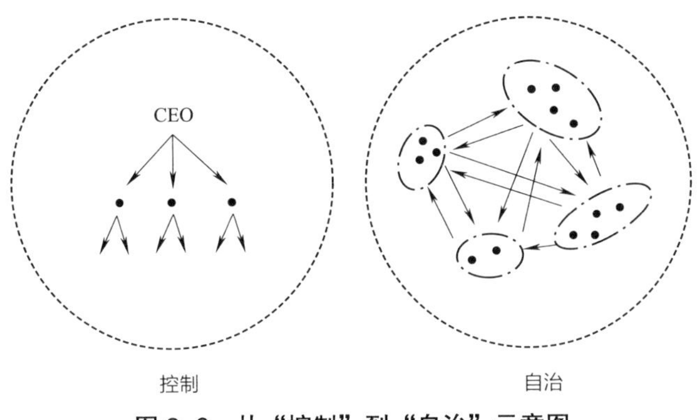

图 2–6 从“控制”到“自治”示意图

程度，以及业务数据和财务数据，等等。

➢ Control 包括委员会、指令、分解和汇总、流程、审批等。

在字节跳动初创阶段，业务模式单一，CEO 作为专家采取“Control 模式”。而当企业不断发展，业务越来越复杂多样，外加环境多变时，字节跳动开始采取“Context 模式”。在“Context 模式”下，更多的人参与决策，利用集体的智慧做出正确决策。成员在参与决策的过程中也会对整个事件的信息产生更加全面的认识，一旦确定最终决策，组织成员也能更快地执行。对于知识型工作者来说，参与决策的过程也是个体成就感和价值感的重要体现，这将大大激发组织成员的创造力。

实现自治可以从三方面入手：

• 组织扁平化，弱化层级关联。在液态化组织中，严格控制组织层级，让更多个体打破边界去互动交流。在组织内还要弱化头衔，减少头衔带来的心理压力。

• 重目标管理，轻过程管理。管理的最终目标还是实现组织绩效，因此对组织成员的目标管理必不可少。此时的目标管理需要更加人性化，如从 KPI（关键绩效指标）模式向 OKR（目标和关键成果法）模式转变，就是为了充分调动员工创造价值的积极性。

• 鼓励内部信息透明。为了帮助员工做出正确决策，需要提供更全面的信息，更加鼓励群体性的沟通，让有用的信息在组织内部流动起来。奈飞在打造高绩效组织时，就坚持内部信息公开，除了法定限制性信息之外，奈飞鼓励所有员工在公开场合向高管团队提问。

强文化纽带

简化了有形的约束和监督之后，无形的文化就成了液态化组织的主要黏合力，需要用核心价值观来指引组织成员的思维方式和行动习惯，做到从心所欲但不逾矩。

核心价值观一致基础上的信任文化，为液态化组织创造了生存的土壤。而弱化的边界管理可以保证个人能够自由、自主地流动和协作，是支撑液态化组织运作的“肥料”。

此处的边界，不仅代表部门之间的组织墙，也代表可能限制员工潜力发挥的职责界限。模糊的管理边界可以让员工自由发挥想象和创意，提高企业整体创新能力，以应对外界的快速变化。

Supercell公司主要开发精品手游，其旗下的4款游戏非常有名:《海岛奇兵》、《部落冲突》、《卡通农场》和《皇室战争》。2019年，Supercell的总收入达到15.6亿美元。它的开发团队只有323名员工，而PC（个人计算机）游戏开发商育碧（Ubisoft）拥有15000多名员工，年收入却和Supercell差不多。

作为手游界的“印钞机”，Supercell一直保持着小而精的组织规模。它的CEO潘纳宁（Paananen）认为，与其增加管理层级和流程，不如招聘更好的人才，给予他们更多的自由。只有1%的申请者有机会加入Supercell的团队。

Supercell的企业文化有两个关键词：独立（independence），责任（responsibility）。

Supercell的团队一般都是7人，CEO潘纳宁基本不对各个项目组做任何干涉，给大家足够的空间去试错。潘纳宁形容自己是一个“弱势的CEO”，放手让开发团队做出绝大多数决定。如果团队成员内有人不相信该项目的发展方向，那么团队领导可以决定如何处理或者把这个成员调到其他项目组。潘纳宁表示，做一款你自己都不相信的游戏是毫无意义的。

这样一来，每个成员都承担着巨大的责任。Supercell的梦想是创作人们能够玩几年甚至几十年的游戏，如果某款游戏达不到这个标准，就会被果断放弃。

第三节 以客户为中心的组织设计方法

你已经知道组织架构演变中的分合之道，并掌握了以客户为中心的组织运作方式。接下来，以客户为中心的组织架构究竟该如何构建呢？

组织架构设计需要考虑的因素太多，外部因素包括行业和技术发展变化、监管政策调整、竞争环境变化等，内部因素包括企业发展目标和战略、发展规模大小、业务组合以及业务运作模式等，并没有一个标准答案。很多优秀企业每年都会根据公司战略变化，对公司组织架构进行调整。在总结华为等卓越企业组织架构设计实践经验的基础上，我们在此提供一个基本的逻辑框架和一些典型的实践案例供你参考借鉴（见图 2–7）。

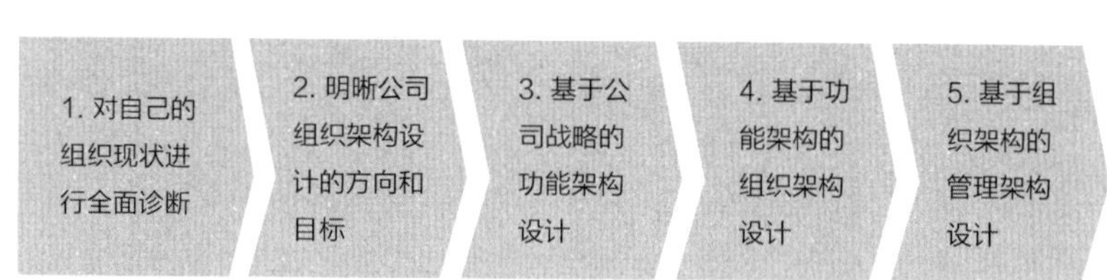

图 2–7 以客户为中心的组织设计方法

第一步：全面诊断你的组织

为了帮助你全面了解自己的组织现状，从而为组织架构设计提供系统而准确的输入，建议你用我们咨询团队借鉴西方理论并在中国实践中验证过的“五力模型”进行组织诊断（见表 2–3）。“五力”是指企业组织的以下 5 个关键要素：

表 2–3　组织诊断工具：五力模型

组织诊断的五力模型 & 关键问题思考			
五力模型			请公司管理层思考的主要问题
1. 战略与商业模式	1.1	商业模式	1）您认为公司的业务模式有什么独特之处，核心优势 & 关键不足是什么？
	1.2	战略	1）公司未来 3~5 年的业务增长目标是什么？ 2）业务增长的主要来源和路径是什么？
	1.3	战略执行	1）您认为公司实现业务增长目标所需要的关键能力和资源是什么？ 2）如何获取或具备这些关键能力和资源？
2. 企业文化与领导力	2.1	企业文化	1）公司多年的发展中，所倡导的核心价值理念是什么，您认为践行的效果如何？ 2）您认为某些核心价值理念落地效果不佳的主要原因是什么？
	2.2	企业文化与制度的一致性	1）公司在进行重要制度规则设计的时候，是否考虑了与公司价值理念相匹配的问题？ 2）您认为公司的价值理念和制度规则是否一致，最大的问题出在哪里？
	2.3	领导力	1）您觉得公司中高层管理者的领导力或管理水平如何，哪些方面相对较强，哪些方面较弱？ 2）您认为中高层管理者某些能力不足的关键原因是什么？

续表

组织诊断的五力模型 & 关键问题思考			
五力模型			请公司管理层思考的主要问题
3. 流程与组织	3.1	流程	1）您认为公司业务的总体运作效率如何？ 2）您认为存在哪些主要问题，具体的表现是什么？
	3.2	组织	1）您认为公司不同部门之间的职责是否清晰、跨部门之间的协作是否顺畅？ 2）您认为导致组织职责不清、横向协作不好的关键原因是什么？
	3.3	组织变革	1）您如何评价公司目前组织架构和人员编制的合理性？ 2）您认为下一步组织调整/变革的目标和方向是什么？
4. 人才配置	4.1	人才瓶颈	1）公司哪些功能领域存在关键人才缺失或能力不足问题？ 2）您考虑或尝试过哪些解决方案，效果如何？
	4.2	匹配程度	1）公司关键岗位人才的总体胜任状况如何？ 2）您认为导致部分岗位胜任状况不佳的主要原因是什么？
	4.3	人才梯队	1）公司核心岗位是否存在人才断档、青黄不接的现象？ 2）您认为导致公司人才断档的主要原因有哪些？
5. 考核激励	5.1	目标计划管理	1）公司近几年的年度经营目标总体完成情况如何？ 2）您认为，导致经营目标完成情况不尽如人意的主要原因是什么？
	5.2	人才动力	1）您认为公司领导干部、员工的积极性和创造性总体如何？ 2）您认为导致部分员工激情/动力不足的主要原因是什么？

续表

组织诊断的五力模型 & 关键问题思考			
五力模型			请公司管理层思考的主要问题
5. 考核激励	5.3	人才流失	1）公司近年来核心岗位人才流失情况大致如何？ 2）您认为导致公司核心岗位人才流失或过于稳定的主要原因是什么？

• 战略与商业模式：主要判断自己公司的战略方向、路径和商业模式是否清晰、可行；

• 企业文化与领导力：主要判断自己公司核心理念的践行效果以及管理者的领导力水平；

• 流程与组织：主要判断企业的业务和组织运作效率；

• 人才配置：主要判断人才瓶颈、人岗匹配以及人才梯队建设状况；

• 考核激励：主要判断自己公司的目标和绩效管理、员工工作动力和人才流动状况。

这 5 个要素必须做到协调一致，不能出现明显的软肋。

下面是我们为一家客户做过的组织诊断案例（见表 2–4）。

表 2–4　用五力模型为客户诊断案例

五力模型	面临的关键挑战	具体表现
战略与商业模式	战略和策略尚没有形成体系	➤ 使命和愿景：使命和愿景表述没有清晰回答“我是谁”和“向哪里去”的问题。使命描述类似于核心价值观，愿景描述难以衡量，不够鼓舞人心

续表

五力模型	面临的关键挑战	具体表现
战略与商业模式	战略和策略尚没有形成体系	➢ 战略可视化：支撑公司战略的业务策略、产品策略、品牌策略和营销策略等策略体系没有系统建立；公司缺少具体的战略措施和实施计划，缺少对总部职能部门和分公司的具体指导，战略意图难以落地 ➢ 战略实施能力：支撑战略落地的核心能力严重不足（如数字化供应链管理能力）
企业文化	企业文化制约公司战略转型	➢ 不注重双向沟通，强调单向执行，总部对分公司只注重单向传达，缺少内部问题研讨和反馈 ➢ 随着公司的战略转型，强调单兵作战的个人英雄主义和各自为战的“诸侯割据”文化必须向协同作战的合作文化转型 ➢ 当前的企业文化强调技术和产品创新，而战略转型需要重点强调“如何通过创新满足客户需求，提升客户价值”的企业文化
流程与组织	组织和运营效率低下	➢ 不同管理单元或业务单元之间缺乏协同，内耗严重，分公司之间“不怕外部竞争、就怕内部绊倒” ➢ 总部和分公司的接口关系比较复杂，配合效率低，往往不知道哪些事情应该和哪些人沟通解决 ➢ 总部没有有效体现真正的价值，对分公司的指导、支撑和服务功能明显欠缺
人才配置	领导力薄弱和核心人才短缺	➢ 公司各级管理人才的职业化水平不高，很多欠缺全局性思维和综合领导能力 ➢ 不管新成立的分公司，还是成立多年的分公司，普遍存在专业人才短缺或人才能力不足的问题 ➢ 在一些分公司内部，相当一部分老员工学历偏低，成长速度缓慢，无法跟上公司发展步伐

续表

五力模型	面临的关键挑战	具体表现
考核激励	考核激励体系难以支撑公司快速发展	➢ 分公司或个人的考核导向过于强调短期结果指标，不利于兼顾短期和长期利益，阻碍公司的战略转型 ➢ 缺少优胜劣汰机制，对胜任程度极低和不遵守组织规则的员工坚持“不抛弃、不放弃”，最终将伤害到公司内部的优秀员工 ➢ 部分员工感觉公司奖少罚多，负面激励较多，而正面激励偏少，且和公司价值导向并不一致（这和公司内部怕犯错的文化相互印证）

第二步：明晰组织架构设计的方向和目标

在组织诊断的基础上，对照自己公司的目标和战略要求，分析两者之间的差距，就可以提炼出组织架构设计的方向、思路和目标。

我们以一家设计公司的案例来说明具体的设计过程。

该设计公司的战略目标是：依托新的平台，通过兼并整合等方式，快速扩张，全面覆盖市场，逐步建设公司品牌知名度。

该设计公司的业务模式是：采用多专业整合的“一站式综合解决方案”业务模式，为客户提供一站式、多专业融合的综合设计解决方案，并为设计方案的深化工作和最终的工程实施奠定良好基础。公司的业务模式可概括为“P–A–L–M”模式，

P 即规划设计，A 即建筑设计，L 即景观设计，M 即深化实施。

从上面描述的战略目标和业务模式来看，该设计公司走的是"商业化设计公司"的规模化发展道路，致力于将自身打造成一个真正的知识型、服务型综合解决方案提供商。这种经营业务模式符合国际标杆企业的发展趋势，即"客户价值导向的规模化 + 专业化路线"。基于上述分析，该设计公司组织设计的方向和目标确定为：

• 以快速响应和灵活应变为出发点，构建以客户为中心的"区域公司（前台）、业务线（中台）和职能线（后台）"的平台化组织模式。

• 与公司的总体战略目标 / 发展要求保持一致。

• 厘清组织体系的内部运作关系，增进相关人员的理解认识。

• 增强组织体系的可操作性，促进组织体系快速落地。

• 在人员能力允许和风险可控的范围内，尽量使组织体系敏捷高效。

尽管组织设计的方向和目标各异，但都有一个根本的目标，即必须以增强组织为客户创造价值的核心能力为出发点。一般而言，可以从公司的商业模式、战略导向和行业特征等三个方面提炼出一家公司的核心能力。

我们服务过的一家餐饮企业的客户价值主张是"好吃、有趣"，选择走加盟连锁的发展模式，未来三年希望实现 600 家的开店目标。根据这家公司的行业特征，我们就可以提炼出这家公司的九大核心组织能力（见图 2–8）：

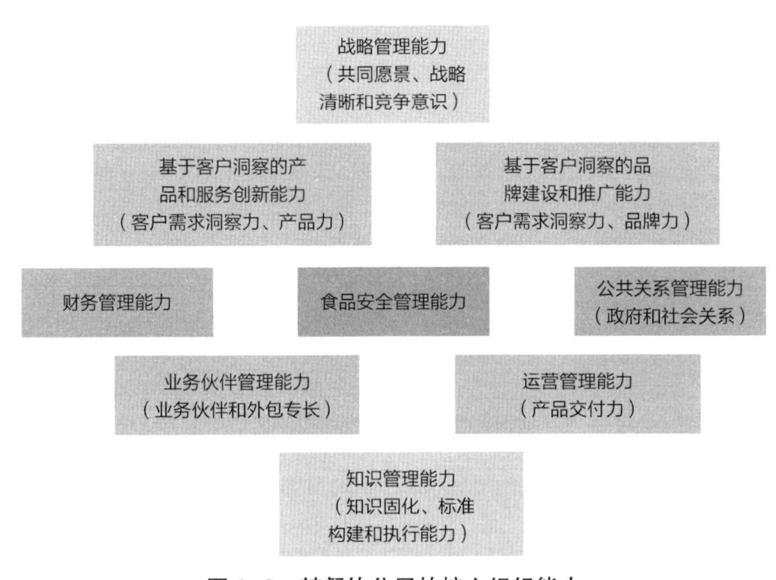

图 2–8　某餐饮公司的核心组织能力

第三步：基于公司战略的功能架构设计

在详细设计组织架构之前，需要先做好顶层框架的设计，基于公司的战略、商业模式和组织设计目标，系统思考公司的功能架构。通过这个功能架构，明确公司正常运作究竟需要具备哪些功能板块？各个功能板块的定位和作用是什么？哪些功能板块是组织运作中的关键要点？

虽然不同公司的具体功能架构差异较大，但核心功能基本上就是市场营销、产品开发和供应链（或运营服务）三个方面。

下面是我们帮助一家医疗器械公司梳理的组织功能架构（见图 2-9）：

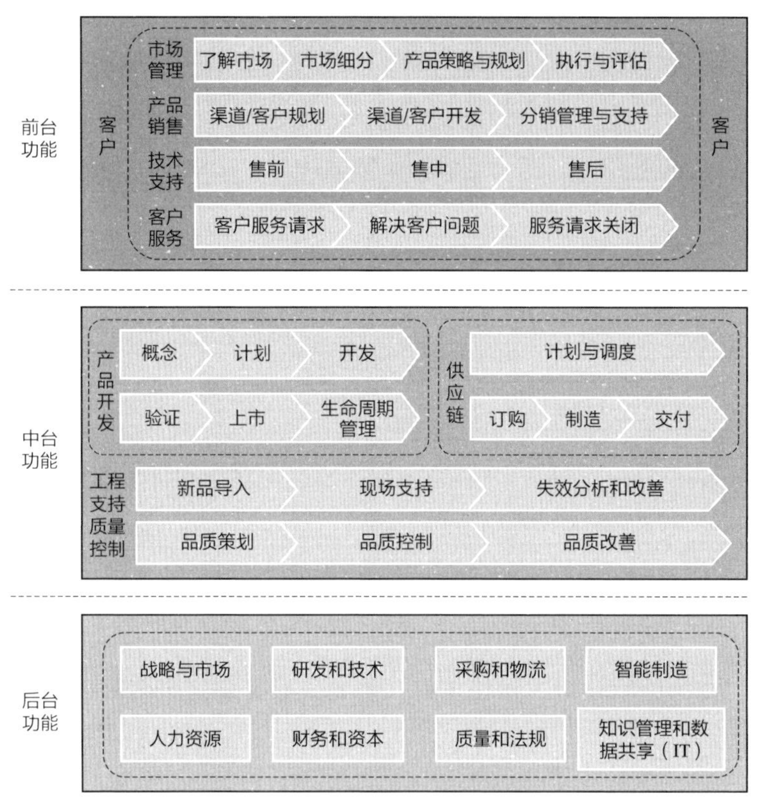

图 2-9　某医疗器械公司的功能架构

该功能架构是一种“拧麻花”式的框架结构，包含了 MU（市场单元）、BU（业务单元）和 FU（职能单元）等三大功能板块。其中，MU 按区域或客户群划分，针对特定的竞争对手争夺市场；BU 按技术平台或产品线划分，提高产品竞争力和交付效率；FU 是围绕不同能力构建的赋能和使能平台，为市场单元和业务单元提供支持和服务（在各业务单元没有组建完成之前，还承担着孵化功能）。

有了这样一个功能框架，接下来就可以具体设计公司的组织架构了。

第四步：基于功能架构的组织架构设计

组织架构的具体设计过程，是一个将功能架构部门化，并明确部门之间分工和配合关系的过程。在这个过程中，你需要把握以下三项基本原则：

架构对应原则。组织架构尽量和功能架构相对应，特别是关键功能要做到一一对应。这样做的好处是可以确保公司的顶层设计落到实处，让公司的全部功能都有相应的部门承载，不会出现遗漏。

责权对等原则。组织架构设计的过程，既是一个责任分配的过程，又是一个权力分布的过程。一个部门的责任和权力要基本对等，否则这个部门最终无法承载相应的组织功能。

精简高效原则。在保证公司功能落地的前提下，部门设置要尽量精简，方能保证高效。每一个部门都希望做出成绩，让领导看见自己部门的价值。每多一个部门，就多了一个争取内部资源支持和相互博弈的力量。因此，对于某些非关键性功能（如后台功能、某些正在发育的功能等），当承载该项功能的部门人员规模较小时，建议不要设置专门的部门。通过岗位的设置，完全可以实现该项功能的落地。

下面是我们为某餐饮集团设计的平台化组织架构（见图 2-10）：

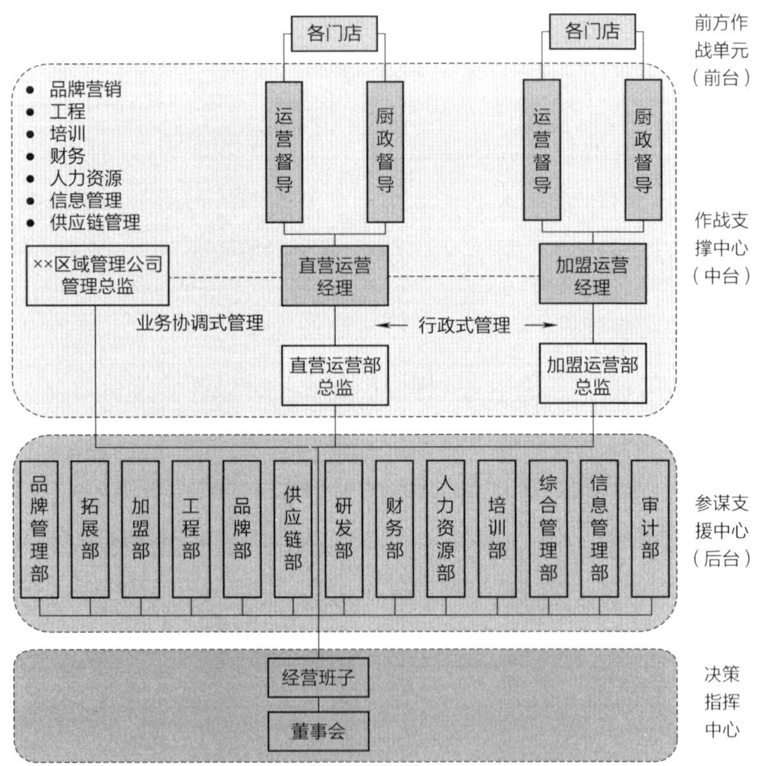

图 2-10　某餐饮集团平台化的组织架构

第五步：基于组织架构的管理架构设计

设计好组织架构之后，接下来还需要明确中高层管理职位设置以及这些职位的具体分工。当部门负责人能力不足时，可以不设置正职，只设置主持工作的副职。待其能力提升到人岗基本匹配时，再设置部门正职。为提高组织运作效率，中高层管理职位中可设置一定比例的副职和兼职，具体原则如下：

1）当具备下列某一或若干条件时，可考虑设置部门副职（原则上不超过 1 名）：

- 分管业务规模较大，需要副职分担部分业务 / 管理工作；
- 分管业务类别的内部差异性较大，某些业务 / 管理需要专人负责；
- 正职任职人员能力存在明显弱项，需要设置副职来弥补；
- 出于培养后备人才的考虑。

2）当具备下列一个或多个条件时，可考虑采取兼职方式（原则上不超过 1 个）：

- 减少沟通环节，方便组织运作；
- 任职人员能力较强，可以最大限度地发挥组织的人力资本效能；
- 分管业务工作饱和度不足，可以兼任相近的岗位，提高资源配置效率；
- 办公地点位于同一区域，可以便捷兼管相关的业务。

下面是某设计公司的中高层管理职位设置（见图 2–11）：

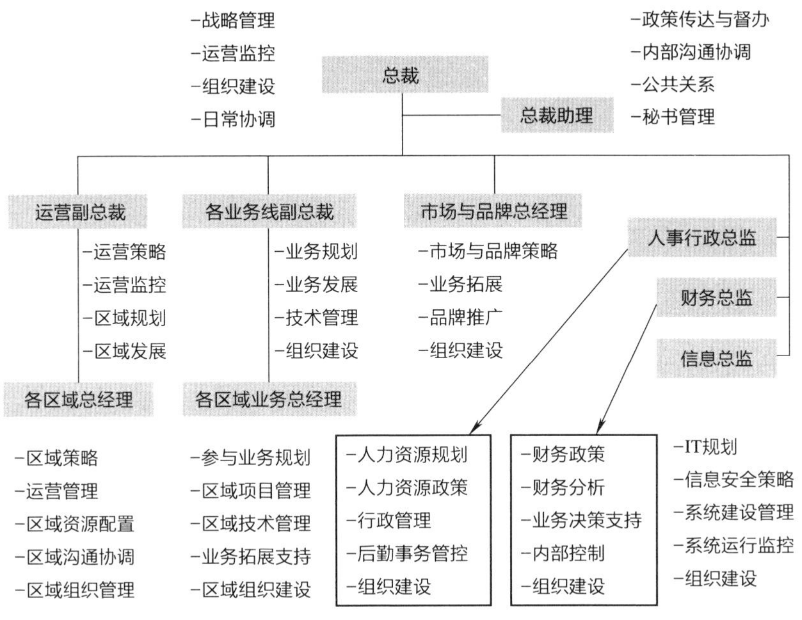

图 2–11　某设计公司的中高层管理职位设置

第四节　人和组织的高度匹配

为了让设计好的组织架构有效落地，还需要考虑一个关键因素——人。这些人的特长和短板是什么？适合做什么？不适合做什么？如何搭配有利于合作？不是每个岗位都需要爱因斯坦，但每个岗位都需要最合适的员工。

人和组织的匹配是一个不断适应、调整以及动态进化的过程。人和组织的高度匹配，既需要做事用人——当战略方向和业务打法相对清晰时，需要做的事情已经比较明确，此时可以按岗位/角色选择合适的人才；又需要用人做事——当战略方向和业务打法不确定时，或者具体做什么尚不明确时，需要找优秀的人才来把事情想清楚再动态调整组织；同时，还需要通过人员的互补搭配来形成组织的合力。

按岗位选择高度匹配的人

“先事后人”的逻辑起源于工业时代，也是很多企业招聘人才的基本逻辑——先定岗、再定编、后定员。以岗选人目前仍然是最常用的选人逻辑——寻找最合适的人来完成岗位的目标，以此推动组织目标的实现。因此，只有合理地设置岗位，并对人才要求进行精准画像，才有可能找到合适的候选人。

岗位体系的建设包含以下几个关键环节：

明晰部门的使命和关键职能。部门的使命和关键职能，是岗位设置的基础和依据。组织内部部门职能应该形成功能闭环，减少不必要的交叉重叠。

确定部门岗位设置及核心职责。岗位设置主要把握部门内部的组别划分、专业细分的粗细程度，以及权力层级和管理幅度这三大要素。

• 部门内部的组别划分。部门内部的组别划分是岗位设置的第一步。组别划分的方式一般有职能型、产品型、客户型、地理分布型以及矩阵型等五种类型。

• 专业细分的粗细程度。将工作内容分割得越细，工作将完成得越出色，但是整合这些“工作”成为最终成果所需的时间和精力也就越大。因此，建议高端岗位按专业细分，以追求深度的知识与技能积累；中低端岗位则实行一岗多能，避免分工过细，从而减少不同职位间的“协调”，降低运作成本。如接听电话、打字、派送内部文件、预订出差的机票和住宿以及采购办公用具等日常行政工作往往由一个岗位完成。

• 权力层级和管理幅度。权力层级和管理幅度相联系，在以客户为中心的组织中，趋势都是向扁平化过渡，即每个主管的下属人数增加，整个组织的层数降低。究竟什么样的管理幅度和层级是合理的？答案是要根据管理者的具体角色类型来确定。

这里，我们给出一个确定管理幅度的简便方法。如果你管理的业务领域标准化程度非常低，直接下属需要比较长的学习周期才能完成工作任务，此时你要承担起类似于“教练”的角色，你理想的管理幅度是3~5人，最多不能超过8人；如果你分管的业务领域标准化程度很高，只有在例外的情况下才需要干预，你扮演的是一个“协调者”的角色，此时理想的管理幅度要大于15

人。当工作任务的标准化程度、工作量大小、直接下属的能力水平以及需要管理者扮演的角色介于上述两者之间时，理想的管理幅度范围是 8~15 人。

岗位的设定要体现独特的价值，因此核心职责的定义要准确。在设计的过程中，应该用大家都容易理解的规范语言描述清楚职位的主要职责。

岗位头衔设置要规范，要明确岗位命名的基本规则，形成内部统一的管理语言。在企业中屡见不鲜的就是人员岗位名称不统一，各个部门内部叫法不同。如承担着“客户经理”的职责在各个业务单元却出现了“商务代表”“销售工程师”“渠道经理”等头衔。头衔的不规范将会严重影响内部沟通的效率。此外，为了满足对外开展业务的需要，可以采取对内、对外两套名片的操作方式，但是同样需要明确设置和使用的基本规则。

最后，岗位设计还要考虑风险防范，避免将职能管理和业务管理放在同一个岗位上。对于具备监管与被监管性质的岗位要进行分离，如财务与审计，避免出现既是裁判员又是运动员的现象。

划分岗位序列：根据工作性质和特点，将岗位划分为若干岗位序列。建立清晰的岗位序列，可以给员工的职业发展提供指引，拓宽员工职业发展的空间，还有助于组织实现人才的分类管理，提升管理的有效性。表 2–5 是某互联网公司的职称划分情况，可以作为参考。

表 2-5　××××集团新职称级别代号对应表

<table>
<tr><th colspan="2">管理类</th><th colspan="4">研发技术类/IT类</th><th colspan="4">战略与经营管理类/品牌管理类/投资类/人力资源类/科技规划类/关务类/综合类</th><th colspan="4">财务类/审计监察类/法务与知识产权类</th></tr>
<tr><th>领导力等级</th><th>职位名称</th><th colspan="2">专业等级</th><th>内部职称/专业等级称谓</th><th>职位名称</th><th colspan="2">专业等级</th><th>内部职称/专业等级称谓</th><th>职位名称</th><th colspan="2">专业等级</th><th>内部职称/专业等级称谓</th><th>职位名称</th></tr>
<tr><td rowspan="4">M4</td><td>总监</td><td>T5.2</td><td>11</td><td rowspan="2">首席架构师/首席系统工程师</td><td rowspan="2">首席架构师/首席系统工程师/首席工程师</td><td>P5.2</td><td>11</td><td rowspan="2">业务专家</td><td rowspan="2">专家</td><td>P5.2</td><td>11</td><td rowspan="2">首席会计师/首席审计师/首席律师</td><td rowspan="2">首席会计师/首席审计师/首席律师</td></tr>
<tr><td>副总监</td><td>T5.1</td><td>10</td><td>P5.1</td><td>10</td><td>P5.1</td><td>10</td></tr>
<tr><td rowspan="2">高级经理</td><td>T4.2</td><td>9</td><td rowspan="2">资深工程师/架构师/系统工程师</td><td rowspan="5">高级工程师</td><td>P4.2</td><td>9</td><td rowspan="2">高级专业经理</td><td rowspan="5">专业经理</td><td>P4.2</td><td>9</td><td rowspan="2">资深会计师/资深审计师/资深律师</td><td rowspan="5">高级会计师/高级审计师/高级律师</td></tr>
<tr><td>T4.1</td><td>8</td><td>P4.1</td><td>8</td><td>P4.1</td><td>8</td></tr>
<tr><td rowspan="3">M3</td><td>经理</td><td>T3.3</td><td>7</td><td rowspan="3">高级工程师</td><td>P3.3</td><td>7</td><td rowspan="3">专业经理</td><td>P3.3</td><td>7</td><td rowspan="3">高级会计师/高级审计师/高级律师</td></tr>
<tr><td rowspan="2">副经理</td><td>T3.2</td><td>6</td><td>P3.2</td><td>6</td><td>P3.2</td><td>6</td></tr>
<tr><td>T3.1</td><td>5</td><td>P3.1</td><td>5</td><td>P3.1</td><td>5</td></tr>
</table>

续表

管理类		研发技术类 /IT 类				战略与经营管理类 / 品牌管理类 / 投资类 / 人力资源类 / 科技规划类 / 关务类 / 综合类				财务类 / 审计监察类 / 法务与知识产权类			
领导力等级	职位名称	专业等级		内部职称 / 专业等级称谓	职位名称	专业等级		内部职称 / 专业等级称谓	职位名称	专业等级		内部职称 / 专业等级称谓	职位名称
		T2.2	4	工程师	工程师	P2.2	4	专业主管	专业主管	P2.2	4	会计师 / 审计师 / 律师	会计师 / 审计师 / 律师
		T2.1	3			P2.1	3			P2.1	3		
		T1.2	2	助理工程师		P1.2	2	助理专业主管		P1.2	2	助理会计师 / 助理审计师 / 助理律师	
		T1.1	1	技术员		P1.1	1	专员		P1.1	1	会计员 / 审计员 / 法务专员	

职位序列的设计数量不宜太多，典型的序列层级为 3~5 层。重点考虑层级之间的清晰描述和显著可区分性，同时也可以适当考虑未来的扩展。层级的划分主要参考三个因素：

• 对知识的要求：如专业知识 / 技能、管理幅度和人际沟通。

• 问题解决：如思考的环境、思考的挑战以及问题的复杂性和创造性。

• 责任性：行动的自由度、影响的范围和影响的性质。

组织也要围绕“极优”人才来设计

除了上述按岗位选人的基本场景外，还存在一些特殊场景，需要学会因人设岗，以那些高价值的人才为中心，充分发挥他们的最大价值。

例如，很多公司都开始设置 COO（首席运营官）的岗位。但是当我们浏览 COO 招聘要求时，发现各家企业对 COO 岗位的要求千差万别，我们只能用“负责管理公司日常运营”来笼统描述。

当我们深入研究各种 C × O 之间的关系时，发现 COO 之所以特殊，是因为 COO 的设置与岗位本身关联不大，其角色定位主要取决于 CEO 的管理风格和能力特点。与其说是按 COO 这样的岗位招聘高管，不如说是按 CEO 的个人特点来搭配 COO。

对于高管岗位来说，按岗选人不一定奏效，很大程度上都需要因人（如首席执行官）设岗（如首席运营官或首席流程官等）。这样才能让高管团队更加契合，形成优势互补的最佳合力。

剧变时代，人才的价值越来越大。以往“二八法则”认为20%的人创造了80%的价值，而现在则出现了更极端的情况：2%的极优人才创造98%的价值。华为当年的郑宝用和腾讯的张小龙，都属于这种“以一抵万”的极优型人才。

对于这类“牛人”，组织需要充分释放他们的能量。马化腾对张小龙的使用就很有说服力——“如果你是条龙，就给你一个大海；如果你是只老虎，就给你一座山；如果你是只猴子，就给你一片树林。”任正非也说，过去我们是“筑巢引凤”，现在我们要“为凤筑巢”。

> 在收购邮件客户端软件Foxmail之后，腾讯专门成立了广州研发中心，并让张小龙担任总经理。正是张小龙的加盟，才有了“微信”的诞生。之前，为了吸引刘炽平加盟，腾讯专设“首席战略投资官”的职位。当时腾讯内部也不清楚该岗位具体职责是什么。基于“牛人”特点的因人设岗，为腾讯创造了巨大的价值。

极优人才永远都是企业的稀缺性资源。为了吸引更多的“牛人”加入组织，除了因人设岗之外，还可以考虑以“牛人”为中心确立新业务方向。

洛朗·拉福格，法兰西科学院院士，是一名世界顶尖数学家，曾因在数论和代数几何方面的卓越成果，获得了数学界最高荣誉——菲尔兹奖。

2021年9月，他正式加盟华为巴黎拉格朗日数学计算中心。他在一段视频中讲述了自己加入华为的经历和主要工作内容。四年半前，他参加了一项数学应用会议，分享了自己的拓扑斯理论，引起了华为的高度关注。当华为决定在拓扑斯理论领域进行投入时，就邀请拉福格加入华为，主持该项课题研究，与华为和学术界一起继续研究60年前被引入数学的拓扑斯理论。一旦突破，不仅会推进数学研究的进程，还有可能作为理论基础为通信理论、人工智能等领域打开新的世界。

未来，这种以少数“牛人”为“分布式辐射中心”的组织方式将拥有越来越多的适用场景。

通过互补搭配和任务重构，实现组织和业务的匹配

在企业快速扩张的过程中，往往会出现无法找到合适人选的情况。此时，可以通过优势互补的人才搭配方式，来实现组织和

业务的匹配。

> 在华为市场部的一次讲话中，任正非提到："我们提出'狼狈组织计划'，针对的是办事处的组织建设，是从狼与狈的生理行为归纳出来的。狼有敏锐的嗅觉、团队合作的精神以及不屈不挠的坚持。而狈非常聪明，因为个子小、前腿短，在进攻时不能独立作战，因而它跳跃时是抱紧狼的后部，一起跳跃，就像舵一样地操控狼的进攻方向。狈很聪明，很有策划能力，并且很细心，它就是市场的后方平台，帮助做标书、网规、行政服务……"

"狼狈组织计划"是华为管理智慧的结晶，华为认为"正职要敢于进攻，是狼的标准；副职要精于管理，是狈的行为"。在很多企业中，同时具备"狼"和"狈"双重特征的人比较少，与其花大力气寻找多面手，不如通过人员的搭配来快速解决。

另外，也可以通过对工作任务的拆解重构，来实现组织与业务的匹配。

改革开放之后一段时间，国内拥有大量的廉价劳动力，但高科技企业都是以核心人才驱动，高端人才的匮乏，一度成为制约企业发展的瓶颈。

创业初期，比亚迪通过拆解、新建组织流程的方式成功地解决了这个问题。比亚迪将国外全自动电池生产线拆解成“关键设备”加“人工工序”两部分。“关键设备”以少数高端人才的技术实现，剩余的全部由普通人工完成。通过这种组织流程上的拆解，解决了之前人岗不匹配的问题。比亚迪也迅速发展成为全球第二大充电电池制造商。

本章介绍了以客户为中心的组织的“钢筋龙骨”——组织架构。但要让组织成为一个具有长期生命力的有机体，光有“硬结构”不行，还需要有配套的“硬机制”——以客户为中心的共享机制，这是下一章要讲的内容。

第三章

组织战法：以客户为中心的共享机制

不确定时代，最能快速感知到这种变化的，就是组织中的各个神经末梢。因此，只有让这些前端“神经元”具有高反应力，企业才能提高自己的环境适应力和生存力。近几年，华为将组织调整的重点放在了向各级业务单元放权上，推动作战指挥权向贴近客户需求的前线组织转移。他们采用“四到位”的做法，即能力到位、资源到位、信息到位、监管到位，让一线作战单元拥有更大的责权。

2009 年以前，当华为国家代表处针对客户的网络需求提出解决方案之后，都必须经过总部相关部门的审批。比如，解决方案中包括了无线产品，就需要获得无线产品行销部门的批准。而解决方案通常会包含多条产品线的不同产品，这时各个行销部门就会掐架。W 部门希望自己的合同份额和价格都高一些，G部门认为自己的利益得不到保证，希望从别的部门划过来一些。争来争去，一个合同的产品组合、价格审批可能要几个月才能妥协一致，经常贻误战机。在华为转型为以项目为中心的组织运作之后，代表处获得了公司底线之上的客户选择权、产品选择权、合同决定权，能够自主决定产品组合中的份额和价格，从而让华为具备了灵活性，一线的机动作战能力大幅增强。

为了提高组织前端的反应力，分布式决策就成为一种必然。通过赋予前方作战人员一定的灵活决策权，能够大大提升组织的市场反应能力。但是，真正实施向前线授权却是一件极其困难的事情。

首先，他们“不知道”究竟该怎么决策，既不知道公司的战略意图，也不知道公司有什么资源，更不知道如何让别的部门来配合。即便都搞清楚了，他们也可能“不会”决策。从过去的简单执行到现在的承担决策责任，对他们的能力提出了重大挑战。最后，即便学会了决策，他们也未必敢于决策。决策风险很大，很多人“宁愿不做，也不愿犯错”。

组织架构为打造以客户为中心的组织构建了“骨架”，但要让“骨架”有效运转起来，还需要建立一套“神经网络”系统，让组织敏捷灵活地朝着变化的客户需求不断瞄准和行动。

企业组织中的“神经网络”，就是能够触达组织中每一个角落的网络化共享机制：信息共享、能力共享和利益共享的三位一体。信息共享解决“不知道”的问题，能力共享解决“不会做”的问题，利益共享解决“不愿做”的问题（见图 3–1）。

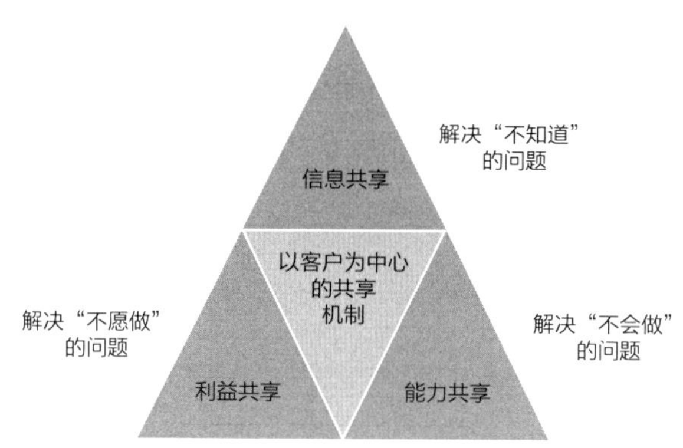

图 3–1　华为以客户为中心的共享机制

第一节　信息共享：解决“不知道”的问题

决策质量与掌握的有效信息量成正比。很多高管有正确的判断力，往往不是因为他们比别人聪明，而是因为他们有获取关键信息的特权。因此，分布式决策权的有效实施，需要尽可能减少信息流的不对称。

回到现实情况。绝大多数企业的基层员工对决策应该具备的信息几乎一无所知。因此，实现分布式决策的前提，就是需要在组织内建立一个有效的“信息传递网络”，确保各种决策相关的信息能够被自由获取。在这个网络中，信息的表达应当尽可能清晰明了，传播途径要尽可能缩短。

系统组织理论创始人切斯特·巴纳德发现，信息传递的环节往往过多，因此拉长了噪声掺入的路径，信息或多或少会失真、损耗或产生误导，最终传递到决策人手中的信息，已经无法发挥预期的效用了。

你或许会说，借助各种数字化手段，信息已经能以最快、最保真的方式抵达需要者的手中。但是，如果信息的共享系统没有搭建好，有效信息的传递能力依然会大打折扣。

企业信息共享机制的建设，需要从统一目标和增进协同两方面入手，一要打通上下信息的隔阂，二要消除横向传播的壁垒。

让信息做到公开透明

为了适应分布式决策，在企业的各个决策层级都需要建立让信息公开透明的机制。

2006年以前，华为代表处的定位还是以功能为中心的销售办事处。当时华为的一线员工，客户经理不懂交付，方案经理不懂客户，交付经理不懂市场。在客户那里开会时，每个人都向客户解释各自领域的问题，客户经理胡乱承诺客户交付方面的要求，方案经理只关注自己的产品能不能进入客户的解决方案，不同产品线的方案经理还互相揭短。每个人获得的信息都很不一致。实行“铁三角”组织变革之后，华为代表处转型为理解和满足客户需求的经营责任主体。客户经理、方案经理和交付经理等三个角色要做到一专多能，从自己固有的工作界面中跳出来，关注到帮助客户成功的整个业务流程。三个角色既要充分共享客户商业诉求和业务痛点方面的信息，又要共同分享公司的解决方案设计、交付和服务信息，还要一起代表客户，准确传递客户声音，推动公司内部的中后台部门满足客户要求。

信息共享的内容，既要包括员工都需要知晓的共同目标和协同方向，如企业文化理念、公司战略（SP）、业务目标和计划（BP），以及跨部门的重大项目计划等，又要包括支撑业务运营和管理活动的基础数据库。没有客观数据支撑的主观判断，会让决策质量和效率大幅下降。通过主要信息在协作单元间的同步，能够让不同功能的组织单元始终保持步调一致。

亚马逊就是共享信息的典范。亚马逊的几百个年度业绩目标，以及各项业务内数不胜数的指标，包括订单出错率、退款率、取消率、送货延迟率等，都会在公司布告区中动态展示。每一项指标都可衡量，足以让员工基于指标分析找出问题，自动做出相应的工作调整和改进。

要让信息公开透明，真正创造业务价值，需要从以下四个方面发力：

起到牵引方向的作用

蚂蚁常被视为生物界的协同高手，工蚁们通过爬行留下的化学物质牵引自己和同伴的方向，所以它们走多远都不会迷路。但只要在一只孤立的蚂蚁周围画一个封闭的圈，抹掉它的“来路”，这只蚂蚁就开始团团转，找不着北。

企业内部也不乏很多“迷途的蚂蚁”，不知道什么时间该干什么，需要履行什么样的职责，如何与他人高效配合，导致的结果就是“无用功”很多。

究其原因，很可能是由于他的“来路”被“抹掉”了，导致他确实不知道公司当下的动作，也不知道自己该如何发挥作用，无形中成了“局外人”。“布告区”的方向牵引作用，能够让员工的工作目标，与企业目标保持动态一致。

华为在组织设置上有一个特色，就是通过设置各种跨业务单元或跨功能领域的委员会，实现信息共享和民主决策，如ICT基础设施业务管理委员会、平台协调委员会、可持续发展管理委员会等。华为的委员会一般由来自多个相关部门的管理干部或专家共同组成。以CSD委员会（可持续发展委员会）为例。委员会主任由公司董事、质量与流程IT管理部总裁陶景文担任，成员包含来自人力资源、制造、行政、采购、研发等部门的10余名公司高层。华为的委员会重在务虚，旨在对公司重要领域的目标、方针政策和干部选拔集体审议，以提高决策的质量和科学性。这个集体审议的过程就是信息共享的过程。通过来自不同视角的信息共享，确保决策过程中能广泛听取和吸收各方面的意见和建议。

成为坦诚文化的载体

领导者透明了，信任随之而来。信息不透明，隔膜会自然形成，由此滋生猜忌和相互之间的不信任。久而久之，组织为共同目标奋斗的初心会变质，从创业期的上下同欲走向了貌合神离。

同样，上级也需要知晓下级的情况，知道员工心里究竟想要什么。

为了让信息沟通足够通畅而准确，沟通的方式也很重要。除了大家习惯使用的微信、视频、电话、PPT（演示文稿）等沟通方式之外，我们建议各位一定不要忘了写文章这种传统沟通方式，特别是在表达个人思想和观点的时候。写文章可以帮助作者进行更严密的思考，他要想得足够清楚，才能通过有逻辑且精练的文字清晰地表达自己的想法。任正非就非常喜欢通过文章和员工进行坦诚的交流。

大家了解华为和任正非，很多时候是通过任正非发表的文章和签发的总裁办电子邮件。据不完全统计，1991—2021 年这 30 年间，任正非发表的文章超过 600 篇。在华为组织变革的关键几年（1996—2000），任正非每年发表的文章都有 30~50 篇。借助这些文章和邮件，任正非就企业所面临的关键问题和挑战，和广大干部、员工充分沟通自己的所思所想，让员工及时了解公司的作战方向、意图和要求。这些文章和邮件之所以能引起很多人的共鸣，是因为内容读起来非常真切朴实，没有任何回避问题或夸夸其谈的感觉，让员工乐意反复阅读，用心体会。

把个人目标和组织目标连接起来

当个人工作的过程和成果放在公众可见的布告栏中，会实现网络化的目标对齐。每个人的目标可以和其他相关人以及协同团队的目标不断校准，这样才能打破部门壁垒，形成整个组织“力出一孔”的最大合力。

另一方面，在公开透明的环境下，人们会倾向于在群体中有更多的正面表现。当工作和公司目标挂钩，员工们更能看清自己工作的价值，更会在“公众注视”下追求更高的目标。

> 2015 年，华为在内部开始试点 OKR 管理方法，希望将组织 / 团队目标和个人目标更好地统一起来。OKR 有 4 个特征：透明公开、敏捷开放、上下联动以及目标和评价解耦。由于 OKR 不用做考核激励，员工更能放下包袱，做一些突破性创新。这种管理方式在激发个人内在动机、提升个人自主性的同时，也很好地促进了华为创新目标的实现。目前，华为整个研发体系 8 万多名员工都已经使用了 OKR。
>
> 字节跳动步伐迈得更快，它开发的内部 OKR 系统，即使是新员工也可以快速上手。员工们对照上级或同事的 OKR，制定自己的工作目标并执行，每两个月对齐 / 评价一次。公司管理层的 OKR 全部透明公示，员工可以清晰知道管理层的主要精力放在什么工作上，原因是什么，自动进行分工协作，许多事情就能够自己进行决策。就算有些事项自己无法决断，因为各种相关信息都经过了讨论、筛选，到了管理层那里也能大大提高他们的决策效率。

保证共享消息的真实性，无论好坏

很多管理者会走入一个误区，只有好消息才值得分享，因为能鼓舞士气；坏消息则要封闭起来，不然会扰乱军心。但事实上，如果一件糟糕的事情损害到了大家的利益，藏着掖着的后果便是：一旦败露，便会在群体中引起猜疑和极大的不信任感。我们经常可以在华为的心声社区上看到华为的各种坏消息，但任正非却坚持闻过则喜，甚至主动自曝家丑。在他看来，只有坚持实事求是的原则，暴露问题才能改正缺点，不断鞭策自己进步。

将坏消息以恰当的方式公布出来，一方面可以提醒员工提前规避，另一方面能够聚集众人的力量将事情解决掉。通过对失败案例的坦诚分析和自我批判，企业可以减少重复犯错的损失。

打造连接每个人的数字化沟通系统

企业组织由个体组成，每个个体又在动态变化之中。因此需要将这些个体连接起来，形成系统性的神经网络，从而高效地感知环境和组织内部的变化，为客户创造最大价值。

打造这个神经网络最高效、成本最优的方法，就是借助数字化技术的力量。

> 华为心声社区就是公司内部的数字化沟通平台，被员工称为“透明的玻璃社区”，其定位是：华为人的沟通家园，华为人的精神食粮。自 2008 年上线运行以来，至今已有 14 年的历史。
>
> 公司绝大多数决策、政策性文件，包括任正非的讲话、

各级高管的发言会在这个平台上第一时间公布出来。员工们可以在社区互相交流，给公司建言献策。公司的各项制度政策在充分地听取员工的意见后，能够汲取有益的营养而不断被优化完善。这个平台还是高层管理者倾听和回应一线员工心声的直接渠道。员工可以主动曝光公司日常管理中的各种问题，甚至吐槽发泄不满情绪。

华为心声社区的良好实践，取决于四大保障机制:（1）高管团队（特别是任正非）闻过则喜的胸怀以及大力支持;（2）清晰的社区管理规则;（3）匿名制的严格执行;（4）讲真话或揭丑者的保护和奖励制度。

信息共享中的难题处理

共享信息的过程中必然会遭遇一些困难，究竟该如何化解呢?

特殊信息的共享

当遇到机密信息或敏感信息的时候，企业需要调整共享方式。譬如薪酬的规则制度可以公开，但每个人的具体薪酬数据就不能公开。因为薪酬数据公开会导致攀比心理，“人比人会害死人”。另外，薪酬数据属于公司机密，公开会让外部挖墙角变得更容易。

业务机密也同样需要根据保密程度的需要设定不同的公开权限。

信息共享导致的效率低下

共享信息带来的问题最常见的就是效率低下，背后有三个原因：一是因为每个人都能获得大量信息，若不加以筛选，便会导致信息过载。二是如果每个人都要发表自己的看法和意见，容易导致内部争论不休，降低决策效率。三是信息传递到了无法正确使用的人手中，价值会大打折扣。

因此，企业在建立信息网络的时候，需要把握两个要点：（1）划分优先级，让最需要这些信息做决策的人优先拿到最相关的信息；（2）每个员工也要将自己手头的任务分级，优先处理最重要和最紧急的事情。

信息共享对创意工作的影响

信息的高度透明，可能会对创意人员的工作产生负面影响，因为创意的形成具有时间上的不确定性。如果要求随时公布进度，难免会对他们造成受迫压力，同时也会造成被监视感，从而抑制创意人员想象力的发挥。因此，当创新、创意部门实行信息透明规则的时候，应该让创意人员掌握主动权，自己将需要合作的信息公布出来，而不是用强制或命令的方式让他们推送大量“噪声”。前文中曾提到的那位法国数学家，华为对他的管理方式就是如此，由他自己来掌握信息公布的主动权。

第二节　能力共享：解决“不会做”的问题

无论什么时代，知识和能力的互通互享都是激活思想的重要基础。

2016年，华为提出了“四组一队”和“整建制空投”相结合的能力共享机制。“四组一队”是1947年东北解放战争城市攻坚战中的打法。所谓“四组一队”，就是以一个连为基本战斗单位，按照作战职责分成火力组、突击组、爆破组、支援组四个组，共同组成一个突击队。各小组之间通过密切配合，发挥各自作用，形成一个统一的作战系统，产生“一加一大于二”的整体功效。华为的四组一队集中空投就是在培训期间就编排好队伍，通过整建制实战，打造出成功的样板。通过打造样板让参与者打明白、看明白、想明白，然后像旋涡一样越旋越大，卷进越来越多的人，最终培养出一大批“明白人”，由此盘活公司。整建制的人员来源，一半从有成功实践的干部中选拔，另一半从优秀学员中选拔。这些人员集中空投到最艰苦的项目中，在实战中锻炼，快速成长。

归纳起来，能力共享机制，会给企业带来两大好处：一是用现有组织能力来赋能新业务，从而降低了新业务的风险和成本，提高了孵化效率和成功率；二是快速为企业注入新的活力和能量。只有形成组织能力的快速迭代，才能让企业不断驶入“新的增长曲线”。

然而，实现能力共享并不容易，以下三个方面是操作要点：

1. 共享知识的颗粒度以“可赋能”为标准

不同行业对共享知识的颗粒度要求不一样，像麦当劳或者肯德基这类劳动密集型企业，共享知识的颗粒度就会做得很小。通过细化到具体动作的共享操作手册（S&OP），让普通员工易学会用。而对于高科技企业的知识型员工，共享手册的颗粒度就会增大。只要共享关键环节的操作要领，员工就可以理解掌握，同时兼顾了个人创造力的发挥。

同样，在一家公司，不同水平的员工对颗粒度的要求也不一样，比如华为对“小白”新员工赋能的颗粒度就会很小。随着员工能力水平的提高，华为会不断增加赋能的颗粒度。对于高层管理者，甚至培训课程都变成了研讨会，只设定研讨主题，但不限定具体的研讨规则，大家主要是通过头脑风暴来实现相互赋能和共同创造。

2. 在“可赋能”的基础上共享底层逻辑

马斯克经常给员工讲第一性原理，就是一种底层逻辑的共享机制。也就是说，在做任何事情的方法论的背后，都隐藏着更深层的基本原理。

以华为为例，1998 年华为制定了《华为基本法》，这就是任正非眼里华为长期发展的底层逻辑纲要。他希望通过基本法的讨论和制定过程，让华为的管理层都能理解并认同华为发展的若干项基本原则，并作为具体工作方法论制定的方向指南。

但是，对底层逻辑的吸收有快有慢，如果强迫所有员工百分百地理解，反而会透支员工的工作精力，降低业务发展的速度。因此，共享底层逻辑时，要对员工群体进行分类分层管理。对于带兵打仗的中高层管理干部，不但自己要深入理解底层逻辑，而且还必须能和其他员工分享自己对底层逻辑的理解。比如，华为创始人任正非就要求管理干部好好学习公司文件，在精准理解的同时还要传达文件背后的管理思想和原则。但对于基层员工来说，则不做硬性要求。有成长意识和潜质的员工，自然会发挥自己的主动性去深入学习领悟。

3. 能力共享平台逐步走向数字化、在线化

随着数字化技术的快速发展，利用数字化平台建立共享机制，是最高效的共享赋能手段。

针对业务复杂、全球化和应用系统复杂这三大挑战，华为自 2016 年开始启动数字化转型，率先把自己的数字化做成了全行业的标杆。以华为 Living Service 全连接办公系统为例，华为不光连接人，同时还连接知识、连接业务、连接设备，华为全球 19 万员工全部在这个平台上做连接，实现了更加便捷地开会、共享知识，大大提高了内部工作效率。再比如，华为要在欧洲开设一家终端门店，这家门店应该具备办公 PC、电话、Wi-Fi、文印、IPOS 收费、店内大屏、考勤机、摄像头、热力传感器、无线防盗、RFID 手持等 IT 装备服务内容。在没有实现标准化之前，开店的周期为 3~6 个月；实现 IT 装备的标准化服务之后，有了相应的服务标准，只需要按照标准化进行快速开通，开店周期缩短到 1~2 周，大大提高了业务拓展的效率。

第三节　利益共享：解决“不愿做”的问题

信息共享和能力共享机制，解决了员工“不知道”和“不会做”的问题。但是还要解决员工“愿力”的问题，也就是员工在做决策时是否“愿意”冒风险。

要解决决策的动力问题，必须针对不同职位与特点的员工采取不同的驱动方式，包括不同方式的物质利益共享、多样化的精神激励以及物质激励和精神激励的组合驱动（见图 3–2）。

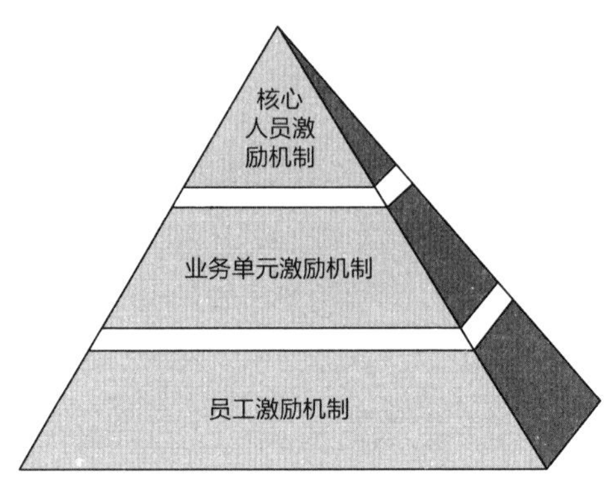

图 3–2　华为三层利益共享机制

物质利益共享

核心人员激励机制——合伙人制度

要激发核心层的动力，不仅要让他们享受与责任相匹配的利益，更要使其利益与公司长期发展关联起来。合伙人模式便提供了一种相对完备的利益共享机制，让核心人员和公司成为“事业共同体”，他们不仅要承担更重大的责任，也要共享更大且长远的利益。

合伙人模式的设立方式较为灵活，一般分为法律层面和管理层面两种类型。当今的许多律师事务所、审计机构等，就采用了法律上的合伙人制度。管理层面的合伙人机制减少了很多法律层面的复杂操作，对于大部分企业来说，更易于操作。在管理层面上，华为公司可以说是国内合伙人数量最多的公司，参与员工持股计划的人数达到 12 万之多。以下仅对管理意义上的合伙人制度进行概要性阐述。

“四共”原则

合伙人制度需要坚持“四共”原则，即理念共识、责任共担、利益共享、价值共创。

其中，理念共识是合伙人制度的前提。只有高度认可企业文化，才能获得进入合伙人圈子的资格。如果一个公司的掌舵团队不同道的话，这艘航船必将沉没。

责任共担和价值共创相辅相成。合伙人需要共同承担公司的经营责任，拥有更多的公司决策话语权。这进一步增强了他们的主人翁意识。

利益共享是保障，也是动力。合伙人承担了更多的责任，也理应获得利益分配权。对合伙人的长期激励，让合伙人更有动力把本职工作做好的同时，关注并推动公司的长远发展。

通过“四共”原则，将合伙人责任、风险、权力、利益与公司的长期发展捆绑起来。让核心层认识到为公司创造价值就是为自己创造价值，从而激发其自我奋斗的精神。

合伙人制度设计要点

合伙人制度是一把锋利的双刃剑。本意是要激发合伙人长期奋斗的精神，但一旦设计不当，就极有可能沦为养懒机制。包括华为在内的绝大多数企业，都曾经走偏甚至酿成大错。

为了避免发生严重的副作用，把握以下三个关键环节极其重要：

1）确定合伙人等级和类别，并建立相应的资格标准。合伙人要经过挑选，根据不同等级和类别，明确设立不同的能力标准和选拔程序。这就让公司内部“有法可依”，要成为合伙人，就得满足相应的资质要求。

根据担任岗位的责任和能力要求，华为合伙人都有明确的职级和任职资格标准要求。合伙人的共性条件，可以参照员工配股的三个基本条件：（1）必须是连续工作满两年（从转正之日起）且职级 14 级及以上的在职员工；（2）近两年的年度绩效在 B 级及以上且季度 / 月度绩效评价不能有 D；（3）近两个年度没有受到公司的行政处罚。

2）明确合伙人的责任、权力和利益。合伙人承担公司的经营责任和风险，也应享有相应的利益。

合伙人的利益分配是合伙人制度中最重要的内容，即公司合伙人参与公司除去运营成本后剩余价值的分配。华为实现的是饱和配股制。每个合伙人的配股数量取决于岗位基准股数和个人系数，即个人配股数量 = 岗位基准股数 × 个人系数。岗位基准股数根据员工所任职的岗位职级确定，而个人系数根据员工的历史贡献、综合绩效、未来发展潜力等因素确定。当每个合伙人的配股达到对应级别的上限时，就不再参与新的配股了。

由于华为不是上市公司，为了帮助你更全面地理解合伙人长效激励机制设计，这里再补充一个上市公司的例子。

以下是微软公司的股权激励机制的三个要点：

要点 1：合伙人的薪酬激励机制必须做到长短期搭配互补。

合伙人的薪酬激励机制要通过拉高浮动薪酬、长短期搭配、选人留人并举，引导整个合伙人团队回归初创企业的奋斗状态。高层合伙人薪酬激励组合要坚持“721”法则，即固定薪酬不高于 10%，绩效奖金不超过 20%，长效激励要大于 70%。2018 年，微软高管薪酬的固浮比的设定为 1 ∶ 9。

要点 2：合伙人的薪酬激励与公司战略导向要保持一致。

利益激励的最终目的，是实现公司的目标，而战略是公司实现目标的管理工具，激励与战略保持一致，才能最大限度地让激励机制服务于公司目标的实现。微软在 2014—2016 年对高管薪酬激励机制进行调整，一改多年以来的“平庸也可”的养老模式。

要点 3：合伙人的薪酬激励必须和适当的业绩指标挂钩。

绩效奖金主要和财务指标、战略指标挂钩。财务指标一般包括营收、利润等。战略指标要体现公司的战略导向，可能包括客户类、产品类、文化类和组织类的定性指标。股权激励主要和公司短中长业绩指标、个人业绩指标挂钩。微软高管绩效股票的实际授予额取决于公司市值能否跑赢未来3年标准普尔500指数回报率。微软高管绩效股票的解锁条件取决于以下KPI的达成情况：商业云营收（34%）、商业云订阅数（33%）、Windows 10月活设备数（11%）、消费者售后毛利（11%）、领英业务（6%）和Surface毛利（5%）。这些指标以3年为周期，既包括了传统的营收、毛利等财务指标，又包括了反映公司未来长期盈利能力的指标。

3）建立合伙人评价体系和退出机制。"能上能下、能进能退"的机制是合伙人制度中的重要措施。

对合伙人进行动态考核，确认合伙人是否符合其等级标准、应该晋升还是降级，不仅能确保公平，也能杜绝食利阶层的出现。

明确退出的条件还可避免后续的各类争端。合伙人可主动退出，也会因不符合标准而被迫退出。除了没通过考核以外，合伙人的行为如果与公司的核心价值观产生背离，或出现其他重大违纪或失职行为，都应该坚决清退。合伙人机制必须确保既能合伙，也能散伙，否则很容易形成"躺赢"的食利者阶层。

说到底，合伙人制度的核心是共同创造之后的共同分享，价值创造是利益分享的前提。只有这样，才能让合伙人树立长期主义发展观，为了事业目标而不懈奋斗下去。

业务单元激励机制——自主经营激励机制

部门层面的利益共享机制也遵循同样的逻辑，让部门的工作观念从“为公司干活”转变为“为自己工作”。以前大部分公司并没有给一线创收部门足够的决策权，导致凡事必汇报，并且大部分人、财、物的分配权掌握在高层领导和职能部门手里。结果，一线部门服务客户的动力明显不足。

为了杜绝以上问题，华为目前实行的是自主经营机制，权、钱收放得当，通过利益分配机制很好地促进部门工作观念的转变，对业务单元创收起到很好的激励效果。

> 2019年，华为对消费者业务运营集团进行了“军团作战模式”改革，简化管理，直接授予消费者业务运营集团合理的粮食包，其中包含工资性薪酬包和奖金包。粮食包由业务运营集团前三年经营所产生的利润和毛利计算得出，再加上集团授予的战略粮食包。这就表示，粮食包的大小与过去内部管理、外部经营等产生的效益挂钩，这些方面做得越好，产生的利润和毛利越高，未来分配到的粮食包也就越大。

工资性薪酬包分为日常运营薪酬包和战略薪酬包，分配于两种不同目的的工作。前者用于拓展市场规模、提高盈利水平、增加现金流等业务经营工作（“多产粮食”）；后者用于提升质量与用户体验、提高消费者市场品牌效应以及组织能力等战略工作（“增加土壤肥力”）。前者节约下来（通过减员增效等方式）的部分可以增加到奖金包里的经营奖金包中，按绩效奖金进行分配，鼓励提高人均效率；后者节约下来的部分则不能归入业务运营集团的奖金收入，由公司收回，这就规避了业务单元的短视行为（见表 3–1）。

表 3–1　华为消费者业务运营集团考核内容及权重

维度	权重	考核项
多产粮食（当前经营结果）	70%	增长：销售收入
		盈利：贡献利润率
		现金流
增加土壤肥力	30%	质量与用户体验
		消费者市场品牌
		组织能力
风险管理	扣分项	内规按成熟度和重大负向事件，外规按重大负向事件
		存货风险控制

通过自主经营改革，公司对消费者业务运营集团的要求有了大方向的把控和规定，并将人、钱、权放了下去。给予了业务运营集团以及以下的地区部门更多的经营管理自由度，更有利于利

润部门发挥自己的创造力达成甚至超越目标。在这种机制下，利润部门不必和人力资源部、财务部频频“过招”，和其他业务部门抢分一杯羹。它只需要持续提高自己部门的收益，就能增加自己未来的收入，这样也就自然形成“为自己而战”的观念。

要实现全公司一盘棋下的自主经营机制，需要把握好以下四个要点：

- **明确部门的性质和职责范围。**一般来说，部门的性质可以按照大类分为利润中心、收入中心、成本中心和费用中心四类。利润中心是直接面向客户承担端到端责任、对利润负责的责任中心，如某个产品线事业部；收入中心是为利润中心服务的，对规模和增长负责的责任中心，如解决方案和技术支持部门；成本中心是为利润中心服务的、对可控成本负责的责任中心，如制造中心、采购部门等供应链部门；费用中心是不直接面向客户、为其他责任中心服务、投入和产出没有直接关系的责任中心，如人力资源部门、财务部门等职能部门。不同类型责任中心的性质和价值创造方式不同，因此计算各自收益的方式也要按照其产生价值的方式而异。

- **基于战略导向设立部门目标。**自主经营机制确立的基础，在于部门目标的提前明确。而部门目标离不开战略的要求。当企业处于扩张期，部门目标的设置要有挑战性；当企业需要“守住领地”，那么部门目标应偏重于求稳。华为消费者业务运营集团的部门目标便是稳中求进，其目标的要点分为战略和日常运营两部分，兼顾长期战略以及短期收益。处于不同发展阶段的部门，设置的部门目标也不同。对于成熟型业务，要更关注毛利、利润等盈利性指标；而对于成长型业务，就要更重视收入等增长性指标。

• 工资包和奖金包要分开设计。对于工资包（包括工资、福利、津贴等），可以设计为经营性工资包和战略性工资包两个部分。经营性工资包对应的是公司日常运营业务，实行弹性管控，牵引自我管理、自我约束；战略性工资包对应的是公司战略投入、管理变革投入和专项投入，坚持量入为出。不同的责任中心，经营性工资包的管控方式不同。比如，利润中心可以用工资包占收入、销售毛利或贡献毛利的比例来进行约束控制；费用中心可以用"工资包预算 + 人员编制"的方式来进行管控。当工资包超标的时候，部门要么冻结调薪和进人，要么就得被扣奖金。奖金包的设计可以采取获取分享制的方式，按公司、系统和部门三级结构进行设计。先提取公司总体奖金包，再按分享比例确定各系统奖金包，最后按贡献业绩分配到各个部门。

• 将部门收益的增量设为利益分享的基础。增量是部门成员真正为公司创造的价值。以此为基础设定部门利益分享的比例，才能够刺激部门不断创造新的价值，而不是守着以前的业绩坐吃山空。华为消费者业务运营集团用以计算部门利益分享的总包，既包括减员增效后的增量收益，又包括部门创造的增量利润和毛利。

物质驱动与精神驱动的组合效应

心理学家马斯洛在 1943 年就提出需求层次理论。第一层和第二层属于物质需求，之后属于精神需求。五个层次的需求，由低到高，循序渐进地去满足。

但真正要用的时候，你就会遇到很多操作上的难题。比如，满足每个层级需求的手段究竟是什么呢？生存需求的满足相对简单，越往上走，对应的满足手段就越难。就拿第三层的归属感来说吧，把企业当成一个大家庭，就能满足归属需求了吗？再看第五层，当自我实现的需求和达成组织目标的需求出现矛盾时，又该怎么办呢？

作为人本主义者，马斯洛谈的是人的基本需求。而到了企业层面，增加了一个重要的约束条件，就是在一个致力于打造以客户为中心的组织中，人的需求究竟如何体现以及如何满足？研究下来，有以下操作性的原则供读者参考：

首先，按照耶鲁大学教授奥尔得弗的建议，把五个层次简化为三层。即生存需求、关系需求和成长需求，分别对应马斯洛的第一、第二层，第三、第四层和第五层。

其次，分别找出与这三个层次相对应的三个最关键的需求满足手段。下面的这张图，就是基业长青公司总结的在组织中相对普适的九个驱动手段（见图 3–3）。

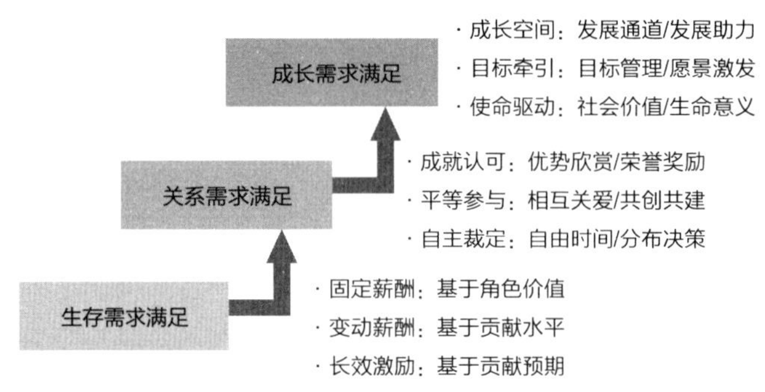

图 3-3　满足三个层次需求的 9 个驱动手段

以第二层次的关系需求满足为例。比如，在合伙人机制中，合伙人被授予了更多的自由裁定权，实际上是增加了他们对第二层关系需求的满足。这样一来，他们会在工作中表现出更高的主动性和积极性。

同理，给予公司员工更大的自由度去完成工作，也能产生巨大的激励作用。以华为的“独立军团”作战模式为例。华为的地区代表处享有该地区的经营权、品牌权等各种权力。这样，他们不仅有能力对市场做出灵活反应，同时也传递了公司对部门的信任。在远离家人的国度里，他们不仅能收获金钱，还能自由发挥自己的巨大能量，实现自我，由此产生了强大的内驱力。

另一种关系需求满足的方式就是“荣誉奖”。华为非常重视荣誉奖励，专门在人力资源部内设立了一个荣誉管理组织，并建立和不断完善荣誉奖管理制度。

华为的“天道酬勤”奖，就是奖励在海外工作累计10年以上或在艰苦地区连续工作6年以上的国际长期派遣员工。还有带有普惠性质的“明日之星”奖和“大锅饭”奖，前者鼓励公司英雄辈出，后者让公司享受反腐倡廉的成果，给员工努力踏实工作就能得到回报的信念打强心针。根据业务发展需要，华为还设立了“成本费用改进奖”“数据准确奖”“技术攻关奖”等等，员工只要在工作岗位上做得好，说不定哪天就能得一个奖。

在实际使用三层次激励的时候，还有三点提请注意：

1）三个层次的关系不是简单递进，而是要同时满足。比如，OKR模式的目标管理，对于创新型企业的大多数员工都基本适用。共创共建的参与式氛围，也是现代企业的标配。再比如，在高收入人群中出现过度追求物质激励的现象，本源是其内心的精神需求没有得到很好的满足。

2）每个层次的最后一个手段，比如长效激励、自主裁定和使命驱动，在企业里往往最难做好。经济利益的共同体容易实现，但要上升为共同实现事业梦想的使命共同体则很难。因此不求一步到位，但要朝着这个方向不断迈进。

3）需求因人而异且动态变化。需要针对每个个体，通过持续的观察和反馈，不断深化对个体需求的理解并动态调整满足需求的方式。因此，管理层的领导力提升，是所有企业 CEO 工作的重中之重，也就是 IBM 传奇 CEO 郭士纳提出的“基于价值观的领导 + 基于事实的管理”。

第四章

组织兵法：以客户为中心的人才管理机制

人是组织的基本单元，没有持续胜任的干部和人才队伍，企业就不可能形成组织能力。因此，“先人后事”和“以客户为中心的组织”就是一枚硬币的两面。人才是企业的第一资源，你必须要重视人、尊重人、依靠人，更重要的是你要投资人，因为世界上不存在即插即用的人才。

但人是活的资本，往往又靠不住。人既不可能永远和你在一起，又不可能永远激情奋斗。当初跟着你一起创业的兄弟，今天翅膀硬了，要自立门户；当年你的左膀右臂，今天已经成了公司发展的绊脚石；当初活力和干劲十足的小伙子，今天已经变成混日子的油腻大叔。所以，在《华为基本法》里有一句话，“认真负责、管理有效的员工是华为最大的财富”，而不是像很多企业那样泛泛地讲“员工是企业最宝贵的财富”。

剧变时代，人才“靠不住”的概率越来越大。外部环境和客户需求的快速变化，客观上要求员工个人必须快速成长和不断适应。一个经验丰富的老员工，当环境变化之后，经验就可能沦为“负资产”，不但无法帮助他胜任新的工作，还会阻碍他学习和适应新事物。即便是刚毕业的博士，在学校学习掌握的知识，三年五年也会归零。

华为破解这一难题的方法是：在尊重和洞察人性的基础上，建立人性的普遍假设；把创造价值作为人才的本质特征，把高成长性作为人才的第一要素；构建起一套“去人格化”的人才管理机制。正如任正非所说：“人才不是企业的核心竞争力，好的人才管理机制才是。”否则，人才就不愿意进来，即使被忽悠进来也留不住，勉强留住的也无法创造高价值。好的人才管理机制，就是要让各类人才“在最佳时间，担当最佳角色，做出最佳贡献，并获得合理回报”。

第一节　让人性的光辉在组织中充分展现出来

研究发现，优秀的企业家，都是人性大师。什么是人性大师？就是对人性深刻而有温度的洞察，能够读懂身边人的需求，充分认知他们的优势和不足，激发每个人的潜能，把他们的才华发挥到极致。通俗地讲，就是说人话，办人事，把人当人看。

毋庸置疑，在中国企业家群体中，任正非对人性的理解出类拔萃。刚创业的时候，他就深刻理解中国知识分子的尴尬处境，懂得他们的内心需求和理想抱负。可以说，正是任正非，让华为人实现了“知识改变命运”的人生梦想。

> 20 世纪八九十年代，社会上流传着“造导弹的不如卖茶叶蛋的”“拿手术刀的不如拿剃头刀的”等顺口溜。许多教师、学术专家，甚至是科学家，经济上都很拮据，在社会上没有个人尊严，但又不愿舍弃心爱的专业，内心苦闷至极。当时，凭借着“三分天下，必有华为”的发展愿景，以及“不让雷锋穿破袜子、不让焦裕禄得肝炎”的人才管理理念，华为成为创业者依靠“知识改变个人命运”的梦想舞台。他们在为公司创造价值的同时，摆脱了“一贫如洗”的生活窘境，获得了家人、朋友以及社会公众的羡慕和尊敬。深谙知识分子品性的任正非，以事业梦想牵引，以丰厚的回报支撑，在成就华为员工的同时，也实现了自己的远大抱负。

什么是人性？古今中外研究的不少，但参透的人却不多。新生代企业家大多年纪轻轻，个人阅历不多，容易把人性想得简单而美好，对社会人的复杂面理解不够；而老一代企业家阅历丰富，历经坎坷，看尽人间百态，难以产生发自内心的信任感。

那么，华为又是如何把握人性的呢？研究下来，以下四个基本观点最有借鉴价值。

1. 人性是不变的

300 万年以来，尽管人类社会的文明形态一直在变化，但人性并未改变。

跨文化管理大师霍夫斯泰德曾深刻地指出：从俄罗斯教授到澳大利亚原住民，人类的天性是一致的。它遗传自我们的生物基因。其背后的道理就在于：人的个性化表现差异巨大，但本质并没有改变。我们经常说以史为鉴，历史是最好的老师，正好印证了古今人性相通的道理。一部电影之所以能风靡全球，背后的成功秘诀是描画“人性”的功力，人性的故事是一张全球通行证，因为人性的共通，所以能产生共鸣。

华为提出的“以奋斗者为本”，就是基于对人性的一种基本假设。遍布在全球各地的华为人，都有一个共同的声音：美好生活是奋斗出来的！其实，美国、以色列的崛起也是如此。没有伤痕累累，哪来皮糙肉厚。英雄自古多磨难！

“全力创造价值、科学评价价值、合理分配价值”，形成华为价值创造的闭环管理体系。华为的人力资源管理体系一直变革发展，但这套价值管理循环却是不变的人力资源管理逻辑。这同样是基于人性对价值判断的普遍假设：贡献大小决定回报多少。

当然，人性是多面的，不同企业可以基于不同的人性假设，但这些假设都具有相对的普遍性。

2. 一个人在组织中展现什么样的人格和行为取决于组织环境

人格，是人性中更偏个性化的那一部分。它一部分通过个体内部的独特基因组合遗传下来，另一部分通过后天习得。习得是指受到集体程序（社会文化），以及独特的个人经历的塑造。也就是说，一个人在组织中展现什么样的人格特征，除了和自身的特质相关，很大程度上还取决于他所在的组织环境。

组织环境会影响个人的思考、感受和行动的方式。一个非常普通的人在华为表现优秀，而在另外一家公司则可能一事无成，这就是组织环境的巨大力量。在华为待久了，以至很多人都会形成一种错觉，以为自己很厉害，等离开华为之后，才发现自己只是一个普通人。不是个人有多牛，而是你所在的这个平台很强大。这正是《惠普之道》中的那句名言：让平凡的人创造非凡。

徐聪，一个1987年出生的普通年轻人，2014年加入华为杭州研究所。进华为之前，他对云计算业务的了解几乎是一片空白。进了华为之后，刚开始主要做的也是NFV（电信云）领域的虚拟网络工作，和大规模云计算关联不大。2015年

4 月，华为宣布正式进军企业云市场，并且要在 7 月 30 日实现业务上线。接到任务之后，徐聪带领四个 90 后，经过三个月艰苦努力，攻克了一个又一个难题，成功上线了华为企业云的业务。之后，他和团队借着华为在网络硬件上的优势，努力提升平台的稳定性和性能指标，支撑大客户业务的规模商用，在业界率先达成千万级转发性能，构建了业界断代竞争优势，获得可信云技术创新大奖。短短五年的时间，在徐聪和他的团队努力下，华为云计算已经成为公司的主航道业务。截至 2022 年 1 月，华为云业务市场排名中国前二、全球前五。

组织环境“抑恶扬善”的作用就在于此。人性虽然复杂多面，但人格是可以被组织重新塑造的。

3. 人都会寻求改变，但改变的过程是非常痛苦和艰难的

作为万物中的另类，人性最根本的特征就是追求改变。上帝给了人永远追求改变的本能，让人类拥有了超乎寻常的自由和随意性。随着年龄的增长，人的身体虽然不断衰老，但人的心灵却可以终身成长，能对新鲜事物长期充满兴趣和激情。不幸的是，虽然终身成长的机会永远都存在，但能抓住这个机会的人却是少数。40 岁之后，大多数人看待事物的视角开始僵化，对新事物的

兴趣减退，做出改变的难度越来越大。

人有不断选择和改变的自由，但改变的过程是十分痛苦的。

任正非说:“华为没有成功，只是在成长，伟大都是熬出来的。”华为之所以成长快，靠的就是不断的自我批判。“烧不死的鸟是凤凰”“泥坑里爬起来的是圣人”，这些都是华为自我批判的经典语录。自我批判意味着既相信人的可成长性，又认为人的成长不是自然发生的，必须经过艰苦修炼才行。自我批判，是企业克服“幼稚病、自大病”的不二良方。

在一次新员工座谈会上，有一名员工向任正非提问:“在公司发展壮大的过程中，任总最深的感受是什么?”任正非回答:“就是一个青年人要长期具有自我批判精神。一个人只有坚持自我批判，才能不断进步。大多数人走上工作岗位后会变成小心眼的人，如果你们的那种小心眼不克服掉，对华为公司的发展不仅不是动力，反而可能是绊脚石，不仅不能使公司壮大，反而会削弱公司的竞争力。每个员工都要开放自己，加强对自我的批判，这样才能使华为取得更快、更大发展。”

4. 人无完人、金无足赤，优点突出的人往往缺点同样突出

也就是说，你选人时，千万不要求全责备，寻找所谓的完人，

事实上你也找不到。而是要知人善任，把合适的人放到合适的岗位，充分发挥人才的优势。同时，要善于把不同特点的人组合在一起，通过优势互补，形成战斗力强的卓越团队。正所谓：没有完美的个人，只有相对完美的团队。任正非曾反复强调："完美的人就是没用的人，是没希望的人，华为公司从来不用完人。一个人把自己一生的主要精力用于去改造缺点，等你改造完了对人类有什么贡献呢？我们为了修炼做一个完人，抹去了身上的许多棱角，自己的优势反而被压抑了，成了一个被驯服的工具。"

> 华为喜欢使用"歪瓜裂枣"式的人才。瓜长得不圆，但比正常的要甜；枣子裂开，其实是已经成熟了，比表面光滑的枣甜得多。"歪瓜裂枣"，这个词是任正非用来形容那些"怪才""偏才"的，因为优秀的人才往往都有一些常人难以理解的个性癖好。任正非说："我们要让优秀人才活下来，而优秀人才大多都是歪才。在座各位能接受贝多芬到华为应聘吗？谁知道聋人也能成为音乐家呢？"

需要特别强调，对人性的探究不是一门厚黑学，而是要去激发人性中光明和善的一面，抑制人性中阴暗和丑陋的一面，目的是让人的潜能得到充分释放，让世界变得更加美好。

第二节　高成长性是人才的第一要素

> 华为有个45岁退休的惯例。员工到45岁，原则上必须退休。退休之后，可以保留股权，继续享受公司分红。如果不想退休，只要华为认为你能够给公司继续做出贡献，依然会留用。华为设计这个制度有三个目的：（1）给在职员工足够的压力，激发长期奋斗、不断成长；（2）很多人到这个年龄段之后，成长变得缓慢，跟不上公司的发展步伐，企业要考虑恰当的退出机制来善待他们；（3）为年轻人创造更多的成长机会。

有些人认为华为这样做很无情，其实这是一个企业持续成长的必然选择。华为秉持的“人力资本不断增值的目标优先于财务资本增值目标”的人才管理理念，翻译成大白话，就是人的成长速度要跟上甚至超过企业的成长速度。大多数人的最佳工作年龄段不超过20年，企业如果不能把业绩优秀的青年才俊在他们最佳的工作年龄段放到最适合的岗位上，实际上就是对人才价值的巨大浪费。

2017年，华为被爆出清退34岁以上老员工的信息。消息或许是假的，但“35岁危机”却是事实。统计数据表明，大多数职场人士会在35~45岁达到自己职业生涯的顶峰，之后就开始走下坡路。因此，具有强烈的危机意识并不是一件坏事。

然而，我们并不需要为此而悲观，而是应该把关注的焦点放在如何减少这种现象的发生。任正非 43 岁才创立了华为，77 岁仍然才思泉涌、活力十足。钟南山 84 岁仍然奋斗在疫情防控第一线……对于那些内驱力强大的人，年龄从来不是他们个人成长的天花板。

因此，35 岁现象并不是年龄的危机，而是个人成长逼近天花板的危机。当一个人的成长速度跟不上企业的发展速度，个人能力不再和公司要求匹配的时候，企业自然会让这个人离开。组织活力不是简单依靠保持队伍的年轻化，而是指人才心态上的年轻化。故步自封、不思进取的人，年龄再轻，也是老人；拥抱变化、主动学习的人，年龄再大，也是年轻人。以客户为中心的组织要找的，是能不断打破自己成长天花板的人。

这类人才具有什么样的特质呢？从华为的实践来看，这些人具有以下三个共同特征：

具有成长型思维模式

人们普遍存在的两种思维模式：固定型思维模式和成长型思维模式。具有固定型思维模式的人会认为自己的才能基本上不会改变，总是在寻找机会让自己显得聪明而不是愚蠢，害怕犯错误，甚至逃避或掩盖错误。这种人典型的特征就是好面子，死要面子活受罪。而具有成长型思维模式的人则相信自己可以通过学习和实践来改变。他们具有学习的激情，会把错误或挑战看成个人学习和提升的机会。这种人典型的特征是“不要脸”，越“不要脸”，活得越精彩。任正非就是这方面的典型代表，他的口头禅是：“我要的是成功，面子是虚的，不能当饭吃，面子是不值钱的。不要脸的人，才能进步！”

《人类简史》的作者，历史学家尤瓦尔·赫拉利有句话非常打动人。他说：“未来人类要准备好，每十年要重塑自己一次，扔掉自己过时的知识、技能、经验、假设和人脉，重新来过。”拥有成长型思维模式的人就是“学习的动物”。如何判断一个人是不是这种“学习的动物”呢？请在人才招募和选拔的时候着重观察以下三个方面：

• 好奇心：对新事物很感兴趣，能够主动学习新事物、新知识和新技能。他们善于提出好的问题，不断去尝试解决问题，并把失败看成获得经验教训的宝贵机会。可以通过这类问题来考察一个人的好奇心：他有没有对现有的做法提出疑问，这件事为什么要这样做？如果有人顶撞到他，他会如何对待？他如何看待自己未知的领域？

• 自我认知：自我认知就是对自己的判断力。具有固定型思维模式的人往往对自己的评估不准确，大多数情况下会严重高估自己的工作表现和个人能力。而具有成长型思维模式的人基本上能够准确评估自己的优势和不足。有些人智商很高，但自我认知能力比较差，误以为自己是公司中最牛的那1%，而其他同事在他眼里都是“渣”。这样的人，往往聪明反被聪明误，自毁前程。你可以通过类似这样的问题考察一个人的自我认知能力：他对自己最大优势和不足的认知，与你及周边对他的认知差别大吗？他评价别人优势和不足的时候，能够基本站在客观公正的立场上吗？

- 坚毅：拥有成长型思维模式的人能够将人生的挫折转变为未来的成功，他们有一种坚韧不拔、坚持不懈的精神，在艰苦或不利的条件下能克服自身困难，努力实现目标。你可以通过这类问题来考察一个人的坚毅程度：遇到巨大难题的时候，他会咬牙坚持下去吗？在遭遇失败或不公待遇的时候，他能够保持一颗平常心吗？

有同理心

同理心就是站在他人的立场上看待世界，理解和尊重他人的感受和想法，并采取必要的关怀行动。同理心包括三个层次：第一个层次是认知层面的感同身受，也就是我知道你是怎么想的；第二个层次是共情，对他人的经历有发自内心的体会，也就是我能理解对方的感受；第三个层次是在理性理解和情感意识的基础上，愿意采取进一步的行动，帮助他人战胜困难，也就是说我能用实际行动来表达对你的关心。

> 任正非就是一个极具同理心的人。30 年前，深圳经常断水断电，任正非从机场开车接客户到酒店，车一停先帮客户拿行李，进房间后先打开空调看看有没有问题，接着到洗手间打开水龙头看看是否有热水。这些事他做得很自然，一点没有勉强的意思。类似细节关怀的例子，周围的人都能举出一大把。别人很感动，但对他来说这完全出于一种习惯、一种本能。

同理心是一种积极、利他的特质，是建立信任、连接和影响力的基石。当组织成员具有同理心时，更愿意支持和帮助对方，更容易形成团队的相互认同感。

领导力强

在以客户为中心的组织中，组织协同的方式将不再依赖传统的管控思维，而主要取决于员工之间的自我协同。自我协同对员工的要求是个人的领导力。所以，领导力不再是领导者的专利，而是每个员工（特别是骨干员工）的必需品。领导力是一种通过自己的各种特质和能力去影响别人以实现共同目标的能力。当员工有强大的个人影响力，且个人目标和组织目标高度契合时，个人的领导力最强。此时，这样的人能唤起人崇高的情感体验，激发出他人的潜能，让团队翻过通常认为不可逾越的高峰。

在实际操作中，为提高选人的效率，我们可以简化上面的特征描述，从自我认知力、实践学习力和开放学习力三个维度出发，判断某个人是否具备高成长性，从而预测候选人 3~5 年后的成长状况。自我认知力，就是候选人是否知道自己的核心优势和关键不足是什么；实践学习力就是是否习惯于通过做事情提炼出相关的方法论以及背后的逻辑和规则，从而在复盘反馈中加速成长；开放学习力就是不仅仅通过闭门式学习，如读书、听课来提升自己，而是保持开放心态，愿意通过各种渠道听取不同意见，从而打破认知边界，加快成长速度。

第三节　让组织摆脱对“个人”的依赖

很多企业都很重视人才，自然就想到了“以人为本”。而华为却一直强调“以奋斗者为本”。为什么呢？因为“以人为本”是不管干不干活都要以“人”为本，而“以奋斗者为本”强调的是以“为客户创造价值的人”为本。不求进取者，不愿意通过奋斗为客户创造价值的人，会被纳入淘汰之列。

华为的所有人力资源政策，都是围绕“奋斗者”来制定的。

无论是成长机会，还是工资、奖金、TUP 和虚拟受限股，以及各种荣誉性奖励，都是围绕着“价值创造”，光有付出不行，做出价值贡献才会有回报。企业不以奋斗者为本，就是对广大奋斗者的严重不公，从而导致“躺平 / 划水”横行，以客户为中心沦为一句空谈。

华为“以奋斗者为本”的人才管理机制基于人性的需求假设，将管理对象由“具象的人”升华为“抽象的人”；从而让组织摆脱对人的依赖。我们把它归纳为：“五 H”人才管理机制，即高标准、高认同、高成长、高绩效、高回报。

这五个要素的逻辑关系本质上就是人才创造价值的价值链。“高标准”和“高认同”回答的是人才如何创造价值的问题；“高成长”和“高绩效”回答的是如何评价价值的问题；而“高回报”回答的是人才创造价值之后如何分配的问题。当这五个要素齐头并进的时候，人才管理的链条就形成了良性闭环，人才管理飞轮就快速转动起来（见图 4–1）。

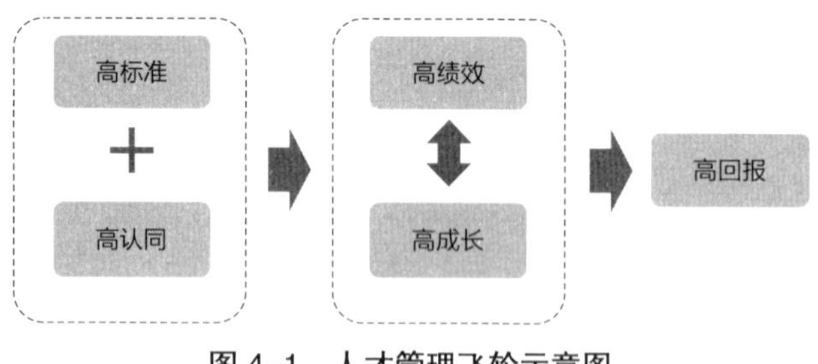

图 4–1　人才管理飞轮示意图

高标准

高标准指企业要有远大的目标，强力牵引人才创造价值，同时对人才还要有高要求，让优秀的人才自我驱动。高标准是人才管理的起点，只有高标准的企业才能吸引和凝聚最优秀的人才，通过优秀人才造就优质的产品与服务，优质产品与服务牵引公司更大的发展，公司发展吸引更优秀人才加入。

所谓水涨才能船高，标准高了，人才的水平才会高；人才的水平高了，组织整体的效能才能高。正因如此，华为设置了极其严格的人才标准和严谨的招聘选拔程序。华为整个人才标准分为两大块：管理干部的标准及专业 / 技术任职资格标准。在华为只有 8% 的人叫作管理干部，92% 的人走的是专业成长道路。

在创业之初，华为选人、用人的起点就比较高。那时候任正非就是公司人才招聘的第一负责人，到处寻觅各种人才。当时加盟华为的人员主要有两类：一类是邮电系统研究所的人员，另一类是高校的研究生。这些人才中，有华为早期的二号人物郑宝用，他是华为明星产品 C&C08 数字交换机的主要研发负责人。还有轮值董事长郭平、徐直军、胡厚崑，以及董事会成员余承东、徐文伟、丁耘等。不管是那些曾经的功臣，还是今天仍在位的高管团队成员，无疑都证明一个事实：华为在早期选人、用人时就做到了高标准。

什么样的总经理叫合格的总经理？华为公司2008年通过十几年的海外市场拓展，总结出来一个国家分公司的总经理胜任模型。第一，制定和执行战略的领导者。你是这个国家分公司的总经理，你就是公司战略在这个国家的执行人，同时你也是这个国家分公司战略制定的第一责任人。第二，跨文化高绩效团队的开发者。一个国家分公司的总经理可能要管几百人，既有当地员工，又有中方员工，你要懂人力资源管理，才能管好这个团队。第三，资源整合与建设的主导者。要打胜仗，不只是利用中国资源，还要用周边的资源，因此总经理要有贪污、腐败等风险的管控，要有作风建设。第四，全面经营结果的责任者。总经理是一把手，要为收入负责。因为华为是商业企业，不赚钱怎么可能长治久安，所以总经理要懂财务。第五，和谐友好商业环境的营造者。华为打的是持久战，不是打一枪换一个地方，要成为一个优秀的合格的企业公民，总经理要善于与所在国政府打交道，构建一种和谐友好的商业环境。

华为招聘人有三大法宝。一是用人部门主管是招聘工作的第一责任人，要用优秀的人去招聘更优秀的人。面试是管理者人才选拔能力的重要训练场，招聘质量追溯结果将影响干部能否进入 AT（行政管理团队）。二是实行有效的面试资格人管理。所有面试资格人都要通过面试流程 / 政策、面试方法 / 工具、面试技巧的培训，并通过考核合格后才能上岗。如果面试资格人在招聘质量回溯中没有达到要求，将被取消面试资格。三是用好“五把刀”、严把招聘入口关。第一把刀：网上筛选；第二把刀：集体面试；第三把刀：专业面试；第四把刀：综合面试；第五把刀：心理测试。

高认同

高认同是人才管理的核心，同心者方能同路。只有个人高度认同公司的使命、愿景和核心价值观，才会自觉地将个人使命和组织使命融为一体，彼此信任、相互协作，为自己所做的事情感到骄傲，为自己身为组织的一员感到自豪。此时，企业就不仅是一个利益共同体，更是一个事业共同体。

> 华为在招聘人才时，主要考察两个维度：第一个维度是该岗位的能力素质要求（才）；第二个维度是个人的价值观是否和企业的核心价值观一致（德）。在这两个维度上，人和企业的要求都能契合，这个人就是企业所需要的人才。当应聘者只能适配其中之一时，坚持价值观优先的原则。在新员

工加入公司以后，通过 NEDP（新员工发展和融入解决方案）帮助员工学习、理解并认同华为价值观。有意识地和新员工达成 5 个认同：（1）行业认同：了解员工为什么加入 ICT 设施或终端行业；（2）企业认同：为什么在那么多 ICT 设施或终端公司中选择了华为；（3）职业认同：为什么要加入华为来做这个工作；（4）团队认同：为什么这个岗位会在这个团队里面；（5）自我认同：为什么认为自己能够胜任这个岗位。

在对人才提出高目标、高标准严格要求的同时，要实现员工的高认同，企业就必须给予员工"高关怀"，否则员工既无法达成工作目标，又可能在高压力的环境下出现抑郁或焦虑等心理问题。

企业要做到高关怀，主要可从三个方面努力：（1）提供尽可能好的福利；（2）营造人性化的工作氛围；（3）为员工工作提供系统的支持和保障。

"肚子饱了不想家"。对于包括员工食堂等在内的后勤保障体系，任正非 30 多年来一直盯得很紧。任正非明确提出小微、艰苦、高危国家的工作生活标准要高于大国的标准，达到瑞士富人的生活标准，必须自建一些服务设施，允许有花园、室内或室外体育设施、小影院、咖啡室、多功能厅……

工作环境也要大幅提高到欧洲标准。任正非到世界各地的代表处，讲得最多的话题之一就是员工食堂、咖啡馆、员工住宿、办公环境这类问题。任正非明确说过，艰苦奋斗是指思想上的，并非身体上的，人人都应该享受奋斗的快乐。

华为在关爱员工成长、身心健康方面做了大量工作。寻求多种方式帮助员工减压，发布身心健康系列宣传材料，增强员工“关注自己、相互关爱”意识，实行战地休假、中国度假；持续倡导员工实践“四个一”活动：结交一个朋友、参与一项运动、培养一种爱好、阅读一本好书，舒缓压力，促进身心健康。华为还根据员工的需求和岗位特点，安排了不少人文、艺术和心理健康方面的培训讲座，帮助员工陶冶情操，提升生活品位和对人生意义的理解。

高绩效和高成长

对一家企业而言，持续的高绩效才是人才管理的根本目的。个人绩效支撑团队绩效，团队绩效支撑组织绩效。对华为来讲，高绩效不仅仅指的是类似于合同额、销售收入、毛利等短期的财务绩效，还包括员工在战略突破中做出的长期贡献以及在支撑性服务中的贡献。

如何持续地让员工产生高绩效？核心是建立战略导向的目标

和绩效管理机制，让员工不断挑战更高的目标。

华为用 OKR 进行目标管理，牵引员工设置高目标，为公司创造更大的价值；再用 KPI 来进行绩效管理，基于责任结果和价值贡献来进行客观评价。面对外部市场环境的快速变化，这样一对组合拳既容易理解又操作简单，能帮助企业更好地识别和聚焦最重要的事项，极大地激发员工的内在动机和工作乐趣，兼顾了运营效率和创新效率的双提升（见图 4–2）。

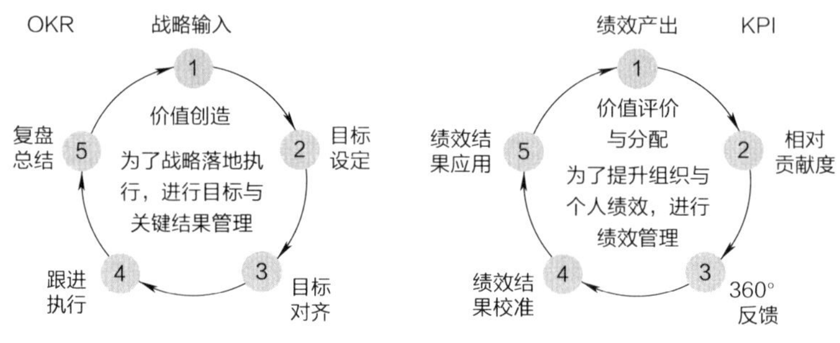

图 4–2　华为“OKR+KPI”组合拳

人才的高成长，首先要以业务的快速发展壮大为前提，没有不断“打硬仗”的实践机会，再优秀的人才也无法成长起来。反之，道理同样成立，没有一群高成长性的人才做保障，长期打胜仗也是天方夜谭。

企业在选对人之后，创造一种高成长的组织机制就变得至关重要。华为在以下三个方面的做法值得借鉴：

1）坚持选拔制，而不是培养制。华为强调所有学习责任在个人。每个员工，特别是干部，一定要对自己的学习和成长负责。

2）选拔制不代表不培养，培养可以加速个人成长。百战归来再读书。华为用最优秀的人培养更优秀的人，围绕员工工作的全生命周期，建立了多路径的职业发展通道、训战结合的赋能体系，如新员工入职培训、新干部上岗的90天转身、专业能力提升项目、中基层干部FLDP项目、高管研讨班、战略预备队等。华为内部培训机构2019年以来开放了2900门课程。

3）在对待人的问题上，华为非常慎重，评价不是由上级主管一个人说了算。专业人才的任职资格评价体系中，采取管理干部和专家相结合的小组式评议；对于干部，则由人事管理经验丰富的管理团队（比如代表处的管理团队）集体对员工做出评价，以确保评价的客观公正。

> 随着行业趋势的演进以及外部环境的快速变化，华为业务类型越来越复杂、多样化。一方面，华为需要所有员工进行能力转化，面对未来需要非常多新的能力；另一方面，面对未来机会窗，华为需要快速培养接班人和后备干部，激活整个公司的干部和专家。面对这样的战略和业务需求，华为的战略预备队发挥了巨大作用。战略预备队人员采取选拔制，有三个来源：第一类是排在前25%的优秀员工；第二类是业

务收缩后多出来的人员；第三类是结构改革后的富余人员。这些人员是混合联队建制，即将不同专业、不同职级、不同年龄的人组成联队，以便于互相学习、取长补短。培训采取场景化训战结合方式，重要的是实践而不是理论。战略预备队是实战训练模式，把学员投放到“战场”上，做一两个真实的项目，在实际的工作中去应用所学的工具和方法。

高回报

为客户创造的价值越高，就应该获得更高的物质和精神回报。高产出与高回报的匹配，让价值创造变得可持续。正如任正非所说：“企业的活力除了来自目标的牵引、来自机会的牵引以外，在很大程度上是受利益的驱动。价值分配系统必须合理，使那些真正为企业做出贡献的人才得到合理的回报，企业才能具有持续的活力。”华为从来不空谈艰苦奋斗，不仅擅长给员工画大饼，更重要的是每次画的饼都变成了现实，让员工获得业内有竞争力的回报，从而让华为员工坚信：只要我能创造出高绩效，就一定会得到高回报。

华为的人均高薪酬一直是社会上的热点话题。以 2016 年为例。在华为心声社区网站上曾有一篇文章——《华为日益富贵化，福兮祸兮？》。这篇文章把华为和谷歌、微软、爱立信等做了个薪酬对比。通过比较发现，华为的人均薪酬比爱立信高，爱立信是 8 万多欧元。本来爱立信的薪酬高于华为，但随着欧元的贬值，爱立信的人均薪酬开始低于华为。最高的是谷歌，人均薪酬达到 11 万多美元，其他几家的人均薪酬都在 9 万多美元，和华为差不多。数据显示，华为的人均薪酬已经进入世界顶级 ICT 公司的行列。正是这样的薪酬水平，才能吸引全世界的顶尖人才。但是，9.5 万美元只是平均数，在内部按贡献拉开差距同样极其重要，卓越员工的薪酬远远高于这个数字。

员工获得高回报之后，会以更高的标准要求自己，对公司文化和管理机制会更加认同，这样就驱动员工继续高成长，创造更高的绩效。员工每天都处于这个价值创造循环之中时，就会奋斗不息、冲锋不止，创造出企业成长的奇迹。

人才管理飞轮快速转动起来之后，个人就变得不那么重要。跟上组织发展的人就会被选择、提拔或重用，而无法跟上的人就会被调整、降职或淘汰。卓越的人才机制，能够让企业良将如云，优秀人才源源不断。

通过本章的描述，你已经知道打造以客户为中心的组织，离不开良好的人才管理机制。当组织不再依赖个人时，还需要通过文化氛围将大伙凝聚起来，增强组织的向心力。接下来的一章，将和你分享如何通过文化建设，让伙伴们从骨子里做到以客户为中心。

第五章

组织心法：以客户为中心的文化氛围

任正非曾讲过一个部队里评“五好战士”的故事。他在20世纪70年代当兵的时候，部队里设置了一个荣誉奖——“五好战士”。这个荣誉覆盖了超过50%的士兵，这样就形成了一种场效应，后进的士兵就坐不住了，因为半数以上的人都是“五好战士”，为什么你还不是呢？后进者会努力争取，先进的士兵又会被后进者推动着，也会更努力。蓬生麻中，不扶自直。于是，优秀的士兵越来越多，一茬接着一茬，整个队伍的战斗力也就越来越强了。

文化氛围是组织中“看不见的手”，它会高效而持久地影响大多数人。就像你走进一座教堂，很快就会被一种无形的力量所感染。任正非曾经说，华为超过300人的时候，他就无法和每一位员工直接对话，甚至连有些人的名字都叫不上来了。这个时候，如果想把企业的核心价值理念传导到每一个人，就需要形成一种场效应。否则，因为背景不同或者社会风气的影响，员工很容易在思想和行为上出现混乱，形成无序的“布朗运动”。

文化氛围提供了比单纯的制度和流程更广泛的思想和行为指导，减少组织内部的沟通成本，提高沟通协同效率。文化氛围还传递给员工工作的意义，唤醒心灵的力量，激发出物质之上的精神追求。

实践证明，长期致力文化氛围建设，文化就变成了组织的基因，可以代代传下去。那么，以客户为中心的组织，究竟是如何营造文化氛围的呢？

第一节　让“客户痴迷”成为组织之魂

让组织永葆“客户痴迷”的激情

华为创业早期，任正非就经常对员工说：“你们要对客户好，没有客户我们就饿死了，客户好华为就好，华为好你们就好。”1998 年，华为将这种朴素的认知和生存经验写进了《华为基本法》。2010 年，华为正式提出“以客户为中心”的核心价值观，希望回答三个方面的问题。第一个问题是：为什么要成就客户？答案是：为客户服务是华为存在的“唯一”理由，客户需求是华为发展的原动力。第二个问题是：如何成就客户？答案是：我们坚持以客户为中心，快速响应客户需求，持续为客户创造长期价值。第三个问题是：成就客户和每个员工的关系是什么？答案是：为客户提供有效服务，是我们工作的方向和价值评价的标尺，成就客户就是成就我们自己。

以客户为中心，不是以技术为中心，就必须从客户需求和体验开始，然后反向去寻找技术和产品解决方案；更不是以领导者为中心，而是屁股对着领导、眼睛盯着客户。这就是任正非对“客户痴迷”的理解。

华为的一位高管曾总结说：“什么是客户痴迷？不是成天对客户点头哈腰，而是一种忠实于‘客户网络’的责任感。客户使用我们的设备建网络，我们理所当然地要及时、准确、优质、低成本地交付，并提供最好的服务。当地震、海啸、战乱等极端灾害发生时，我们只能和客户共渡难关，因为这时候网络最容易出问题。”

“客户痴迷”的文化氛围基调

从华为的成功实践中，我们发现“客户痴迷”型企业应该营造利他、开放、信任和协作的文化氛围（见图 5–1）。

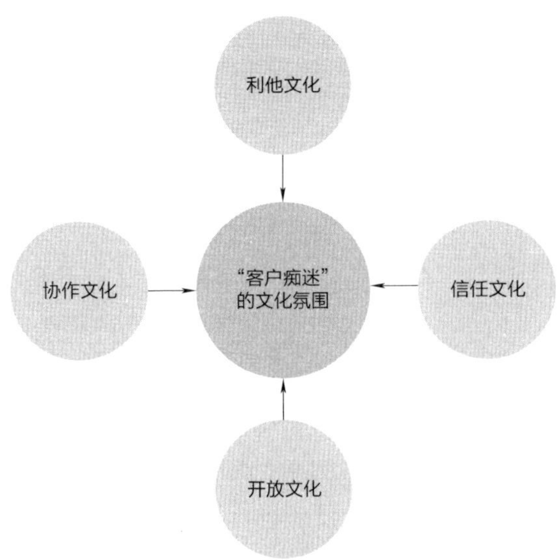

图 5–1 华为“客户痴迷”的文化氛围

基调 1 利他：“客户痴迷”需要从心出发

日本江户时期的思想家石田梅岩曾说：“真商人须思客立则己立。”就是说，先对他人有利，自己才能获利。“成人达己”，是生意长久的秘诀。

日本著名企业家稻盛和夫在《利他的经营哲学》中说过：我们是为了做“利他”这一行，才降临人世的。他强调企业的经营最先考虑的应是利他，而非赚取利润。

华为的理解是，利他和利己是对立统一的。你把自己打扮得花枝招展，既取悦了自己，又给别人创造一种可以欣赏的美，在利己的同时，也是在利他。一心想办法利他的企业，不但赚到了钱，还活得更长久。

伴随企业的生态化发展，利他已经延伸到所有合作伙伴。任正非说:“我们要建立一种规则，这种规则是有利于所有人发展的，而不是利己的。如果我们建立一个狭隘的利己规则，迟早是要灭亡的。我们还要建立一个规则，这个规则能够让大家共赢发展。”

2011 年，一场 9 级地震引发的核泄漏导致日本福岛县通信大面积瘫痪。短短数日内，福岛县成了无人区。

当其他国家的电信设备供应商都选择撤离时，只有华为以“逆行者”的姿态进入灾区抢修被地震损坏的通信设施。华为工程师冒着健康危险帮助福岛恢复了 680 个基站。后来，福岛的智能光伏电站项目全部采用华为的解决方案，为核辐射废弃区域的产业转型开辟了一条崭新路线，为福岛县的产业复兴带来全新希望。

归纳起来，以利他的氛围驱动客户痴迷，需要全员在对客户需求的理解上达成以下共识：

客户的需求永远不会被百分百地满足，正是这种永不满足让“客户痴迷”的追求永无止境，让组织获得持续的发展机会。

同时，客户又总是将不满意隐藏得很好，只有“客户痴迷”才能做到真正的客户满意，留住并长期吸引客户。

并且，客户对自己的需求也不一定完全了解。客户对自己内心深处需求的认知往往是模糊的，而这正是“客户痴迷”企业不断进取的长期动力。

基调 2　开放：乐于分享，拥抱变化

面对客户需求的多样化和多变性，要做到“客户痴迷”，组织就要乐于分享，拥抱变化。

华为研发体系有一个群策群力的 Work-Out 会议，类似于互联网公司的共创会。这个会议不是对管理者采取的政策进行投票，而是通过分享知识和经验、运用集体智慧共同解决问题的过程。它为团队成员提供了一个在轻松环境下交流看法的平台，大家畅所欲言，讨论平时不能也不好讨论的问题。工作中哪些方法很好而且落实到位，需要坚持；哪些方法很好但落实不到位，需要落实；哪些方法不好但落实很到位，需要抛弃；哪些方法不好落实也不到位，需要变革。这个会议一般邀请 10~30 名员工参加，会议时间 3 小时左右。

在快速变化的环境中，分享文化属于一种网络化学习方式，

能加速每个成员的成长，大幅提升组织的创造力。

开放的氛围，还要求整个组织快速积极地拥抱变化，因为惯性思维就是一种严重的封闭。

华为早期曾经很不开放，被外界称为“野蛮的掠夺者”。只要你和华为合作，就需要冒人才或技术被华为抢走的危险。从 2003 年开始，华为逐步走向开放，任正非经常告诫管理层，我们不能做“黑寡妇”，战略上必须“收紧核心、开放周边”。2017 年，华为更是提出了要“构建万物互联的智能世界”的新愿景——深度赋能千行百业的合作伙伴。

基调 3　信任：坦诚、自律

信任，让组织成员拥有一种心理安全感，从而产生心理协同。走向“客户痴迷”的道路，一定不会一帆风顺，让每个员工都能心无旁骛地瞄准这个目标前进的最佳方式，便是组织内部的深度互信。

要实现组织内部的相互信任，需要企业做到最大程度的坦诚相见。

华为规模还很小的时候，信任是靠“吵架”建立起来的，大家可以没有顾忌地直言。郑宝用、孙亚芳、李一男等人，经常会和任正非发生激烈的意见冲突。当组织规模扩大之后，仅靠这种方式显然已经不够。更大范围的坦诚在组织内部扩展开来，比如任正非、余承东等的讲话，公司的重大决策信息，员工都能在内网上实时获取到。

在互相信任的组织中，还要求人们在基本行为上做到自律。坦诚是信任的前提，自律则是信任的保障。华为要求干部严于律己，正人先正己，在坚持自我教育的同时，随时做好自查自纠。为此，华为从2005年开始，还建立了一种管理团队的自律宣誓制度。

华为《EMT自律宣言》[①]的内容包括6条:（1）高级干部的合法收入只能来自华为的分红和薪酬;（2）高级干部要正直无私，用人要五湖四海，不拉帮结派，不在自己管辖范围内形成不良作风;（3）不窃取、不泄露公司商业机密，不侵犯其他公司的商业机密;（4）绝不接触中国的任何国家机密，以及任何其他国家的任何国家机密;（5）不私费公报;（6）高级干部要有自我约束能力，通过自查、自纠、自我批判，每日三省吾身，以此建立干部队伍的自洁机制。

---

① EMT指的是经营管理团队（executive management team）。2005年，华为通过《EMT自律宣言》，并通过制度化宣誓方式层层要求所有干部杜绝内部腐败。

基调 4　协作：合作思维而非竞争思维

在传统的组织中，人与人之间的协作通过标准化作业或业务流程就可以完成，他们之间不需要有太多的互动。但是，在一个网络化的平台型组织中，人与人之间的频繁互动成为常态。

这个时候，通力合作已经不是某些部门或员工的工作标准，而是对组织中所有成员的最低要求。客户痴迷，必须通过价值链的通力协作来实现。全营一杆枪，一切为了胜利。

从创业开始，“胜则举杯相庆、败则拼死相救”的共同奋斗精神就一直是华为的优良传统。华为人维护团队整体利益，尊重和发挥每个成员的价值，通过分工协作，共同应对强大的挑战，从而大大增加了长期成功的概率。

早些年间，在华为客户召集的一次网络分析会上，华为共去了七八个人，他们来自不同的部门，分别负责不同的业务板块。每个人都向客户解释各自领域的问题，每个人都想维护自己和自己部门的利益，完全没有考虑到如何与其他同事、其他部门合作。听完现场七八个人的“各家之言”后，客户首席技术官当场大发雷霆，认为华为是一家“各自为战”的企业。

市场上的惨痛教训，让华为不断反省，着力打造出了“三人同心、其利断金”的“铁三角”协同模式。在苏丹这样一个条件艰苦的国家，大家从无到有，摸爬滚打，已经逐渐建立了团队文化和情感，再加上制度的牵引，客户经理、方案经理、交付经理等角色很快融合到了一起。他们一同见客户、一同交付、一同办公，甚至一起生活，面对客户的时候不再七嘴八舌，各执一词。在没有客户经理的情况下，方案经理和交付经理也能把客户关系做好；方案经理不在的时候，客户经理和交付经理也能把方案做好。客户脸上出现了久违的笑容，代表处也在重大项目上取得了竞争优势。

在快速多变的商业环境中，要做到“客户痴迷”，合作思维是基础性保障。在这种思维模式的牵引下，一旦某个部门或某个员工需要帮助，便会得到相关各方资源的积极响应和全力配合，从而高效解决客户的问题。

第二节　让使命驱动“客户痴迷”

理想主义：把“客户痴迷”融入组织使命

要塑造“客户痴迷”的文化氛围，企业就必定是一个以此为使命的组织。

“40 多岁选择创业是因为人生换了一次轨道，当时大裁军的背景下，生存是很难的，从人生的高位跌到谷底，我自己要生存，我的家人要生存，找不到地方用我，我也不甘心，只有走向创业。

“创业时没有足够的本金，注册公司需要的 20000 元人民币还是凑来的。公司初创时，我要用每个月 500 元的工资养活全家人。对于公司，我早期的目标就是要生存下来。

“创业时压力巨大，生存条件很差，经过几年的发展，公司开始走入快车道。但是，跑得越快，矛盾也越多，各种问题交织在一起，让我力不从心，精神几近崩溃。

“后来，因为种种际遇，我萌生了要为全人类服务的使命感。它支撑着我们渡过层层难关。因为坚持着这份追求与使命，在最近的十来年，我们才下定决心要走向世界前列。

“我曾梦想过国家给我中校军衔，结果这个梦想破灭了。所以，我重新做了一个梦，虽然一开始梦想并不伟大，但是在走过艰险崎岖的道路后，我终于明确了自己的使命……”

上面这些话，是任正非讲述的从创业一路走来的心路历程。很多企业家都能从中看到自己的影子：从迷茫中探索出自己和组织的使命。

只有将“以客户为中心”作为组织使命的企业，才不会因为短期利益而葬送前程。很多企业管理者在取得了一定成就之后，反倒找不到方向，组织就开始惰怠。因为仅从私欲出发，很快便会遭遇成长瓶颈。只有不断追求更高的客户价值，才会永无止境地奋斗下去。

使命的力量超出你的想象，而牵引组织使命的正是企业家和高级干部。如果这帮人都不相信自己的使命，那么员工更不可能相信。

2005 年，华为刷新了中高层管理者的领导力模型，其中专门有一条就是“使命驱动”。华为把使命驱动定义为：一种为了实现公司事业远景目标，愿意并能够承担挑战和责任的行为特征。具体要求由低到高分为四个层级：

第一层级：完成本职工作，实现业务目标。

第二层级：接受挑战性任务，顶着压力实现目标。

第三层级：认同并传递公司文化（使命/愿景/核心价值观），以实际行动捍卫公司文化。

第四层级：为实现事业目标而长期不懈地奋斗。

你可以拿自己所在企业的管理层来比对一下。要想达到第一层级相对容易。第二层级就要难一些，必须完成具有挑战性的目标。第三层级更难，在完成挑战性目标的同时，必须向团队传递企业的文化。也就是要让团队也能做到使命驱动。第四个层级最难，它需要在满足第三层级要求的基础上，长期保持旺盛的事业激情、不懈的奋斗精神。你所熟悉的华为手机业务的负责人余承东，就是使命驱动的典型代表。他 1993 年加入华为，大风大浪中始终信念坚定，带领团队在生死压力面前勇往直前。

现实主义："客户痴迷"是让利他成就利己

作为商业组织，客户价值和企业利益是一体两面。利他的目的就是因为只有这样才能带来更大的长期收益。同时，只有更大的长期收益，才能把利他哲学长期坚持下去。

因此，在追求理想的同时，组织也要从现实出发，明确自己在未来一段时期内要达到的业绩目标。正如一位企业家所说的：伟大的企业家，都是极端理想主义和极端现实主义的混合体。

华为最喜欢说的一句话是：活下去。自己都活不下去，还谈什么为客户服务呢？任正非说："华为是一个功利集团，我们一切都是围绕商业利益的。因此，我们的文化叫企业文化，而不是其他文化或政治。因此，华为文化的特征就是服务文化，因为只有更好地服务客户，才能换来更高的商业利益"。

组织的愿景，是组织 10 年、20 年的长期目标，是组织使命的长期表达。基于愿景目标，企业还需要明确 3 年的战略目标和年度经营目标。这样，既促使我们看清现实和理想的差距，还能让目标具有可操作性，看到一点一滴的成长进步，一步一步地朝着理想前进。

第三节　让核心价值观驱动“客户痴迷”落地

价值观信条：让利他、开放、信任、协作成为员工行为的指南

任正非曾经反复说，企业文化说到底，就是员工的行为文化。“客户痴迷”不是空想，它需要全体成员采取正确的行动。

核心价值观是组织全员的价值导向，它对人们的行为提出了明确要求。塑造“客户痴迷”的文化氛围，核心价值观就要体现出利他、开放、信任与协作的文化特点。

在提炼核心价值观的过程中，企业需要思考的关键问题是：自己过去赢得客户的关键因素是什么？这些关键因素能不能引导企业在未来取得成功？企业要在未来做到“客户痴迷”还需要哪些关键因素？

华为的“3+1”核心价值观就是以客户为中心，以奋斗者为本，长期艰苦奋斗，坚持自我批判。华为把“以客户为中心”作为核心价值观的第一条，就是要让为客户创造价值成为企业的基本行动纲领。以客户为中心是艰苦奋斗的方向，艰苦奋斗是实现以客户为中心的手段和途径。以奋斗者为本是驱动长期艰苦奋斗的活力源泉，是保持以客户为中心的内

在动力。坚持自我批判是使核心价值观生生不息的校正机制。

阐述价值观信条的行为要求：让“客户痴迷”具象化

价值观信条要转化为行动，首先要让组织成员明白信条背后的具体行为要求。哪些行为是被鼓励的？哪些行为是不被接受的？行为要求能让员工清晰地感受到组织对他们的期望，从而引导他们在自己的工作岗位上采取正确的行为。

华为的管理层认识到：作为公司的干部，必须做到正人先正己，以身作则，严于律己，做全体员工的楷模。2015 年，华为以业务规定〔2015〕001 号文件发布了《华为改进作风的八条要求》(简称“干部八条”)。2017 年，修订“干部八条”，并举行了华为干部工作作风宣誓仪式。以下是新修订的“干部八条”：

1. 绝不搞迎来送往，不给上级送礼，不当面赞扬上级，把精力放在为客户服务上。

2. 绝不动用公司资源，也不能占用工作时间为上级或其家属办私事。遇到非办不可的特殊情况，应申报并由受益人支付相关费用。

3. 决不说假话，不捂盖子，不评价不了解的情况，不传播不实之词，有意见直接与当事人沟通或报告上级，更不能侵犯他人隐私。

4. 认真阅读文件、理解指令。主管的责任是获取胜利，不是简单地服从。主管尽职尽责的标准是通过激发下属的积极性、主动性、创造性去获取胜利。

5. 反对官僚主义，反对不作为，反对发牢骚讲怪话。对矛盾不回避，对困难不躲闪，积极探索，努力作为，勇于担当。

6. 反对文山会海，反对繁文缛节。学会将复杂问题简单化，600 字以内说清一个重大问题。

7. 决不偷窃，决不私费公报，决不贪污受贿，决不造假，也决不允许任何人这样做，要爱护自身人格。

8. 决不允许跟人、站队的不良行为在华为形成风气。个人应通过努力工作、创造价值去争取机会。

如此详尽的阐述，看上去有些教条主义，但是细细读下来，它却做到了“清晰、具体，易于执行”。华为的“干部八条”，就是共产党干部的“三大纪律、八项注意”，管理者只要触犯了任何一条，就会被从干部队伍中清理出去。35 年来，华为公司的贪腐现象，是大型企业中最少的，其根本原因就在于华为对自己核心价值观的坚守，即使你在华为功勋卓著，也绝不能逾越“干部八条”的红线规定。

缩小价值观信条与行为之间的剪刀差：说到就要做到

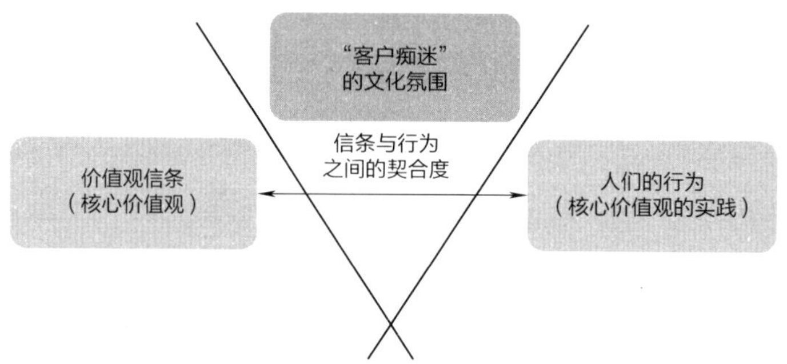

图 5–2　价值观信条与行为之间的剪刀差：形成"客户痴迷"文化氛围的关键

抓老板：对于"客户痴迷"，老板要身体力行

要把组织信条转化为员工行动，老板首先要做到身体力行。

任正非曾经说过，将说的东西长期做到了，信条自然变成行为，行为也就养成了习惯，而企业家是带领员工长期实践的表率。

华为内部一直流传着一个关于任正非与豪车的故事。有一年，任正非去新疆办事处视察工作，当时的新疆办事处主任是一位刚刚从一线提拔起来的"新官"，对任正非不甚了解。基于对中国传统型领导的高度重视，这位主任特意租用了一辆加长林肯接送任正非。刚下飞机的任正非看到接送自己的是一辆豪车，当即把办事处主任臭骂了一顿。他先质问道："我又不是客户，坐一般的车就够了，如果办事处的车辆不够，我自己打的就好了。”随即，越说越生气的任正非还指着那位主任的鼻子说：“为什么你要亲自迎接？现在你该待的地方是客户那里，而不是在这里！”他不断用自己的行为警示大家：客户的利益永远是第一位的。

无论是在公共场合，还是公司内部，任正非都在用自己的实际行动传递和维系着以客户为中心的价值导向。久而久之，管理层的所作所为，就会奔着“客户价值”而去。

抓干部：对于“客户痴迷”，各级干部要尽职尽责

各级干部要成为优秀的组织氛围营造者，需要扮演好三个角色：文化信条的身体力行者，部门 / 团队价值观管理第一负责人，基于业务场景的行为“塑造者”。

为了确保三个角色执行到位，需要将核心价值观融入干部的管理，包括干部的选拔、培养、任用、晋升和退出。换句话说，要把价值观落地作为干部的重要考核评价标准。

华为在干部选拔中有四个核心标准：（1）品德和作风是干部的资格底线；（2）核心价值观是衡量干部的基础；（3）绩效是必要条件，不承认“茶壶里的饺子”，业绩必须要表现出来；（4）能力是持续取得高绩效的关键成功要素。只有核心

价值观跟华为高度契合的人才可以被提拔和晋升。同时，干部还要能上能下，那些严重破坏核心价值观、下属文化培养严重不合格的都将被淘汰。任何团队成员出现贪污腐败、弄虚作假等问题，干部也要负连带责任。

打造“客户痴迷”的文化氛围，不是按照模板雕刻一群一模一样的人，而是要基于自身业务场景，做到精神统一、形态各异，如此才会落到实处、结出硕果。表 5-1 是我们借鉴华为经验，为一家成长性企业量身设计的“以客户为中心”五级行为分级表。据此对干部是否全力以赴地践行“以客户为中心”核心价值观进行客观评价。

表 5-1　××企业“以客户为中心”五级行为分级表

核心价值观之一：以客户为中心			
定义：基于公司所处行业和战略定位，洞悉并引领客户需求，让我们的客户变得更好	五级	精通	成为“以客户为中心”的践行标杆，预见客户的未来需求，超越客户的期待
	四级	指导	将“以客户为中心”作为一切行动的指南，为客户提供系统性解决方案
	三级	掌握	主动挖掘客户的高价值需求，并做出价值判断，高效解决客户痛点
	二级	熟悉	深入了解客户需求背后的真实原因，满足客户的主要需求
	一级	了解	理解“以客户为中心”的文件理念，快速响应客户提出的需求

抓住关键场景：对于“客户痴迷”，要有明确的奖惩

实践下来，重点抓好文化践行的若干关键场景，可以起到事半功倍的效果。

关键场景：招人、开人和新人培训

员工对企业文化最直观的感受来自 5 个方面：招人、开人、涨薪、晋升和处罚。其中，招人、开人就是两个关键场景。亚马逊创始人贝佐斯反复强调：在亚马逊，最重要的决策就是招人。招聘人的时候，很多公司只看这个人的专业能力、专业背景，而不关心这个人的价值观是否和公司匹配。短期来看，价值观的问题不会影响这个人的能力发挥和贡献大小；但时间一长，狐狸的尾巴就会露出来，危害到他所在的团队以及整个组织的文化氛围。俗话说得好，一颗老鼠屎坏了一锅汤，对于害群之马唯一的处理方式就是开掉。

> 华为招人的时候，在核心价值观上主要考察两点，一是看是否具有利他之心。比如，我们会询问候选人为什么会选择华为？如果他的回答就是为了自己的短期或长期利益的话，我们会谨慎对待；再比如，我们还会让他列举 1~2 个与父母或朋友相处时发生激烈冲突的场景实例，看他当时化解矛盾的出发点是什么，对冲突产生原因的判断又是什么？根据候选人的回答，就能把社会上存在的一大批“精致的利己

主义者”过滤掉。二是看是否遭遇过大的挫折打击，以及在打击面前如何应对。比如，我们会询问候选人近两年遭遇的最大打击是什么，他又是如何从打击中走出来的？通过对其中关键细节的分析，也可以把大部分“温室里的花朵”挡在门外。

以下是我们借鉴华为的考察方法，帮助一家高成长企业建立的核心价值观面试标准。

新人培训，包括两类对象：一类是外部招聘进来的新员工，其中既有校园招聘的大学生，也有社会招聘的有经验者；另一类是公司内部提拔上来的新干部。

新员工刚到公司时，对公司的一切都有新鲜感，都抱有好奇心，迫切希望探索和融入公司。这时候，正是植入公司价值观的最佳时机。有人说这是给新人洗脑，没错，不但要洗，多数情况还要创始人亲自来洗。洗什么呢？要讲清楚我们公司为什么要存在？我们公司的核心价值观是什么？我们鼓励什么事情？我们反对什么事情？创始人不是去做知识技能培训，而是做使命、愿景和核心价值观的导引。

华为用一周左右的时间给新员工植入文化基因。高层领导人担任授课讲师，亲自进行企业文化的内涵诠释和故事讲述。华为几千人规模的时候，任正非还会亲自参加历届新员工座谈会。通过全真案例教学、与价值观一致的影片观看、文化主题研讨和专题辩论赛等方式，让新员工理解华为价值观的来龙去脉和真正的内涵。培训结束后，新员工要能写出对华为价值观的行为化理解，并将核心价值观的践行纳入新员工试用期的考核。

公司内部提拔上来的新干部也是重点关注对象。从被人管到管人，新干部到了聚光灯下，在个人影响力变大的同时，也会出现灯下黑的情况，看不到自己的负面行为可能带来的影响。

所以，针对新提拔的干部，要让他清楚认知自己的角色变化，要通过鲜活的故事和特定的仪式告诉他干部的使命和责任是什么，干部在文化管理上要承担什么样的角色，公司的高压线有哪几个。

“诱之以利”：考核与激励措施挂钩

华为把价值观要求纳入员工的任职资格管理之中，作为任职资格认证的达标门槛。当价值观评价得分低于某一分数时，该员工就无法获得晋级。比如，一名员工现在是高级工程师，他想申请主任工程师的任职资格认证。按 5 分制评价，如果“以客户为中心”这项核心价值观的评价结果低于 3 分，这位员工就无法通过认证，不能获得主任工程师的任职资格。

按照华为工资管理的 16 字方针，即“以岗定级、以级定薪、人岗匹配、易岗易薪”，上面这位高级工程师在没有晋级之前，他就只能拿这个级别的工资。通过任职资格管理，华为把价值观考核和员工工资间接做了挂钩，告诉员工必须践行核心价值观。

当价值观考核和工资待遇挂钩之后，自然也就和员工的绩效奖金分配关联起来。华为的分配公式是：个人奖金 = 目标奖金 × 绩效系数。奖金分配到个人时，工资是奖金分配的基数，工资没增长，奖金的增长也就有限。

除了将核心价值观的行为考核与工资、绩效奖金挂钩，还可以将其与其他激励手段挂钩，如中长期激励计划等。图 5-3 是我们借鉴华为的方案，为国内一家企业设计的长效激励的评价图。从中可以看出，核心价值观是权重最大的评价项，而且职位越高，所占的权重就越大。

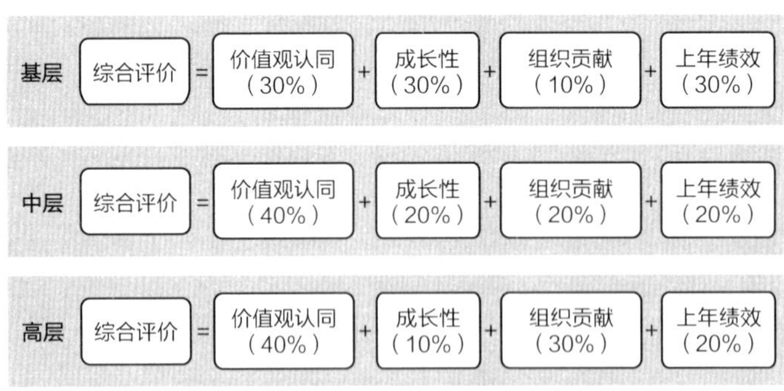

图 5-3　长效激励评价维度和权重图

文化氛围的继承与发展：让“客户痴迷”，实现继往开来

华为核心价值观的形成与发展，大致经历了以下几个阶段：初创期、快速成长期和全球化时期。创业期的华为，根据自己的实践经验总结出几个通俗易懂的信条，如：不让雷锋吃亏，胜则举杯相庆、败则拼死相救，烧不死的鸟是凤凰，等等。

进入快速成长期，随着组织规模的扩张，华为对自己的价值主张进行了系统思考。历时三年，经过反复研讨，形成了 1998 年定稿的《华为基本法》。

随着组织的全球化发展，华为又把核心价值观做了与时俱进的刷新。提炼出“以客户为中心、以奋斗者为本、长期艰苦奋斗、坚持自我批判”这四项核心价值主张。

这四条核心价值观的内涵和相互关系是什么呢？

华为的第一条核心价值观就是以客户为中心。但是，要做到“以客户为中心”，就必须让员工“以奋斗者为本”。如果员工没有奋斗精神，就不可能在变化的时代为客户创造长期价值。华为所说的奋斗者，其实就是客户价值的创造者。只有能够为客户创造高价值的人，才是华为需要的人才。

华为的第三条核心价值观就是长期艰苦奋斗。这里的关键词是长期。基于对人性的理解，任正非明白，企业和员工短期之内做到以客户为中心不难，难的是十年、二十年、一百年长期坚持下

去。在取得巨大成就之后，在面临巨大危机的时刻，依然能够保持“客户痴迷”，永无止境地奋斗下去，就更是难上加难。

华为核心价值观的最后一条是坚持自我批判。这其实是以上三条核心价值观的矫正器。任正非知道，在各种内外部压力或巨大诱惑面前，企业走着走着就会偏离“客户价值”。唯有具备强大的自我批判精神，不断反思自己的问题，纠正自己的错误，才能长期创造客户价值。因此可以说，坚持自我批判，是华为核心价值观中最底层的压舱石。

至此，本书已经为你介绍了以客户为中心的组织全貌。从组织架构、共享机制、人才管理机制，到本章介绍的文化氛围，构成了以客户为中心的组织之体。接下来的三章，将帮助你从现在出发，把你的企业逐步转变成为一个真正以客户为中心的组织。

第六章

组织变法：以客户为中心的组织落地

随着数字化和智能化时代的到来，企业在制定战略时，已经能够随着市场变化而快速迭代。而组织变革和战略迭代往往存在一定的时间差，难以合拍。为适配战略迭代的快节奏，组织变革的速度必须加快，否则将对公司战略落地形成阻碍，以致错失业务发展机遇。

但组织变革本身是一把双刃剑，既可以加速组织革新，也可以加速组织死亡。组织的变革是一个艰难、复杂和长期的过程。统计数据显示，组织变革项目的失败率超过 80%，很多公司都为此付出了惨重的代价。不变革是等死，变革是找死；要么翻身，要么翻船。在这种背景下，向优秀的标杆企业学习，被大多数企业视为终南捷径。

近些年来，各类企业争先恐后地把华为当作自己学习的榜样，考察参观的忽略不计，接受培训和咨询服务的企业就已经成千上万。但学来学去，基本上都还在邯郸学步阶段，只学到了一些皮毛，并没有悟到真经，更没有见到实实在在的成效。

通过多年的管理咨询实践，我们逐渐体会到，向标杆企业学习，很容易陷入以下三大误区：

- 照搬照抄。很多企业都只知道华为的管理体系好，就盲目地“复制粘贴”，既没有考虑到自己组织的业务模式和发展阶段，也没有研究清楚华为组织变革的背后逻辑，不知道华为为什么要这么做，以及华为的管理体系是如何形成的。这样不明就里地学，基本上就是瞎学。
- 一招制胜。很多企业会问我，华为成功最关键的一点是什么？也就是想着学到九阴真经这样的独门秘籍。但华为是从“蹲马步”这样的基本功开始学习的，有规划有系统地构建起了现有的组织。仅从 1998 年开始建设，到形成“以客户为中心”组织的 1.0 版本，就花了足足十年的时间。
- 认知没变。以华为的流程变革为例，很多企业误以为只要把流程图画好按此执行就落地了，但并没有思考到人和机制才是关键。其实，流程型组织变的不仅仅是流程本身，更是人的观念和行为的转变。

总结下来，学习华为，重点不是学华为做了哪些组织变革项目，而是学华为为什么要做这些，以及在艰苦条件下究竟是如何做成的。

第一节　华为组织变革理念

华为组织变革之所以总能取得成功，根源在于华为始终坚持正确的组织变革理念。华为从来都不赶时髦、追潮流，而是想清楚自己变革的目的和初心是什么。不忘初心，方得始终。以华为的数字化转型为例，看看这背后究竟蕴藏着哪些华为组织变革的真经。

统一内部思想

> 1995 年开始，华为实行农村包围城市的战略，规模开始不断扩大，公司员工人数也在急速膨胀。随之而来的是在内部管理上出现了一些“理不清”的问题，像市场人员的考核评价问题、奖金分配问题等。当时的华为，就像任正非说的，“内部思想混乱，主义林立，各路诸侯都显示出他们的实力，公司往何处去，不得要领”。

任正非当时的想法，是希望能有一个纲领性的文件，来理清华为组织建设、管理制度化和文化建设的思路，这也是《华为基本法》产生的背景。在组织变革当中，内部思想是否统一，关乎员工能不能理解领导者变革的意图，领导者的变革观念又能不能够在组织内部传达。如果能有一个共同的思想基础，则会更有利于变革行动的开展和落地执行。

在《华为基本法》奠定的思想基础之上，还需要明确每一次组织变革的目标究竟是什么。1998 年，华为开始第一次数字化转型。转型初期，华为内部做的第一件事，就是确定华为 IT 的战略目标是什么。经过反复讨论，华为把自己的 IT 战略目标确定为：我们的目标不是要成为世界级的 IT，而是要成就世界级的华为。在数字化转型的初期，华为就把数字化的目标和公司的整体战略目标进行了深度互锁，通过数字化转型，提升华为全公司层面的能力，以达成华为的战略目标。自此之后，华为的数字化转型走上了正确的轨道。

道术合一，自成一体

华为在这么多年的发展过程中，伴随着多位老师的身影，深究下去就会发现，虽然华为提到过日本的精益管理，德国人的一丝不苟、踏踏实实，但华为并不是什么都大投入地去学，而是有着自己强大的定力，就是管理思想和管理模式都在向美国学习，这也是华为学习管理背后坚持的“道”。

至于为什么要锁定美国模式，任正非在 2001 年发表的文章《北国之春》里面就提到，因为美国在冷战结束后迅速地把军工技术转向民用，促成了信息技术的迅猛发展。而华为身处 IT 产业，只有向美国学习，才能不断创新以及不断地对创新的过程加以有效管理，才能真正成为世界级的企业。

1997 年底，对于美国企业的全方位走访，让任正非首先锁定了 IBM 这位老师。从 1998 年开始，IBM 的咨询顾问开始进驻华为，并启动了集成产品开发、集成供应链、IT 系统重整、财务四统一等 8 个项目。2003 年，8 个管理项目完成之后，华为成功地打通了产品开发、采购等流程。此后，华为继续向 IBM 学习，先后启动了集成财务管理等新的管理咨询项目，打通了 MTL（从市场到线索）、LTC（从线索到回款）等管理流程，实现了端到端的全程贯通，从而让“以客户为中心”在组织运作规则上得到了保障。

就算是发展到今天，遭遇从美国而来的灭顶之灾，华为依然在向美国企业学习。在 2019 年的访谈中，任正非说道：“第一，亚马逊的开放模式值得我们学习；第二，谷歌也很厉害，大家也看到谷歌的大军团作战方式；第三，微软也很厉害。”华为对于美国的态度其实是一贯的，那就是正视美国的强大，坚定地学习其精华。

在向美国企业学习的过程当中，华为并没有僵化自己的思维，而是结合公司的实际，致力于形成属于自己并可以自我优化的组织系统。

我们发现，很多老板的管理思想飘忽不定，见什么都想学。一听说阿米巴模式不错，就跑去学；另一边又听说阿里搞政委制挺好，又掉转过头来效仿。如果总是东一榔头、西一棒槌，没有定力，也就不能形成一套真正属于自己的体系，反而越学越迷茫，越学越焦虑。

因此，就组织变革而言，关键是要摸索出一条适合自己企业的“道”，同时深思熟虑地考察，找准真正适合自己的来学习。如果决定了往西边走，就要坚持“西行”的信念，不能一会西南也不错，一会东北更好，要把精力始终聚焦在自己设定的主航道上。学习的目的就是成为更好的自己。

先僵化，后优化，再固化

1995 年，华为曾斥资 1000 万元分别从美国和德国引进了两套先进管理系统，但外国顾问们来到公司，却要听从华为人的“指挥差遣”，华为人对他们的系统提出各种各样的“改进方法”和“优化意见”，最终导致了这些先进的管理系统运转不良。

这次失败的教训，让任正非对中国人的“小聪明”有了更加深刻的理解。他曾说：“很多中国人一向散漫、自由、富于幻想、不安分，喜欢浅尝辄止的创新，不愿从事枯燥无味、日复一日重复的枯燥工作，不愿接受流程和规章的约束，难以真正职业化地对待流程与质量。”这才有了接下来花20亿元，坚定不移地向IBM学习的经历。

> 面对公司大部分人的排斥和抵触情绪，在集成产品开发第一阶段总结会上，任正非就斩钉截铁地指出：“我最痛恨‘聪明人’，认为自己多读了两本书就了不起，有些人还不了解业务流程是什么就去开‘流程处方’，流程七疮八孔的，老出问题。引进世界领先企业的先进管理体系，要坚持‘先僵化，后优化，再固化’的原则。我们一定要真正理解人家上百年积累的经验，一定要先搞明白人家的整体管理框架，为什么是这样的体系。刚刚知道一点点，就发表议论，其实就是干扰了向别人学习。”

所谓先僵化，就是先理解通透别人积累的成功经验。在此之前，千万不能要小聪明擅自改动。僵化还有“借假修真”的作用，通过僵化地学习和执行，过去游击队的思维模式和行为习惯开始改变。人改变了，也就为流程的改变和落地打下了坚实的人才基础。

当然，僵化一定是阶段性的，当企业内部接受并充分理解了新引进的管理体系，就可以开始结合自身的实际情况进行优化甚至创造了，但企业要注意优化的目的不是标新立异。

优化过后就要阶段性地固化，企业要及时将好的改进成果和经验固化下来，固化到组织的流程和文化之中，这样组织才能形成有记忆、可复制和可迭代的组织平台。

华为组织变革中的“三化”原则，让华为成为一个高效的学习者。我们在做管理咨询项目的过程中，也发现了一个有趣的现象，就是很多人都只是道听途说，按照字面意思去理解华为组织变革中的“三化”原则，却在实际应用过程中动作严重变形。因此，企业在学习的时候，一定要多琢磨、多思考，了解清楚组织变革背后的逻辑和应用的前提，否则任何学来的东西都将浮于表面、流于形式。

回顾华为组织变革背后的逻辑，建议企业都应该建立一个最基本的认知：不管向谁学习，都不是为了复制标杆，而是为了达成自己的目标。世界上没有两片相同的叶子，任何企业都拥有自己独特的基因。任正非就曾说过：“一个企业最重要的就是做好自己。”这才是向标杆学习的正确姿势。

第二节　以人为中心的组织变革

管理大师迈克尔·哈默关于流程优化的思想，让 20 世纪 90 年代初期病入膏肓的 IBM 找到了救命稻草。因为 IBM 的成功，

300 多家《财富》世界 500 强企业都实施了类似的变革。但事实上 80% 以上都以失败告终。这究竟是为什么呢?

哈默近距离研究后发现，根本的原因就在人身上，过于关注变革中硬件的一面，而忽视了人和背后的文化环境这些软因素。不仅仅是流程优化项目，包括数字化转型等在内的所有组织变革项目，成功的关键都在人。人不变，再先进的数字化技术也无济于事。

从华为的最佳实践经验来看，组织变革的成功来自成功的个人变革。正如任正非所说:“变革最大的阻力在人，但变革最大的动力也在人。”组织变革当中最大的阻力，来源于组织内部人的固有观念和原有能力，变革最大、最关键的挑战在于改变人，改变人的观念和行为。

组织变革是“一把手”工程

商鞅变法，奠定了秦国一统天下的根基。而商鞅变法之所以能够取得阶段性成功，就在于国君在变革思想、方向、资源和授权等方面的大力支持。秦孝公是一个很好的变革领导者，是商鞅变法成功的定海神针。

任何企业里面，组织变革都必须是一把手工程。组织变革不但要公司投入大量的金钱，而且要投入大量的时间和精力。同时，你可能还要面临公司业绩短期波动、公司市值下降、员工不理解，以及社会舆论的压力等种种挑战。所有这些考验的都是一把手的决心、勇气和意志。

当年 IBM 的顾问们进驻华为内部，开始进行概念导入培训的时候，华为很多员工竟趴着睡觉，一些领导干部也是借故迟到早退。很多高级员工在没有搞清楚流程变革是什么概念的时候，就发表自己的见解，甚至有些员工直接告诉顾问，华为的流程比 IBM 的还要先进。

这都是变革初期很自然的现象。任正非想让一头“土狼”演变成为狮子，但很多人已经习惯了过去不按规矩出牌的打法，也取得过一些成功。改变自以为是的惯性思维，难度可想而知。

在一片反对声中，任正非站了出来。说了两句对变革成功极其重要的话。第一句就是“削华为的足，适 IMB 的履”。第二句就是“谁跟华为的变革过不去，我就跟谁过不去”。在任正非的全力推动下，华为的变革开始步入正轨。

因此，领导者要从自我做起，成为变革的坚定领导者，管理层才能逐渐地对变革行动上心，从开始的抵触或无动于衷到主动融入变革。

在发起变革的时候，建议企业家先进行一次诚实的自我评估。

日本明治时代的变革行动，就体现了自我评估的缺一不可的两大要素。一是愿意直面痛苦的真相，就是西方国家在当时比日本强大得多，日本必须“师夷长技”，才能让自己强大起来。另一个是知识储备，对明治政府来说，他们还需要通过直接观察或体验来获取足够的变革知识。

企业也是如此。诚实的自我评估体现在两个方面：

第一，企业家能不能直面企业存在的严峻问题？我们发现，很多企业家不愿意直面问题，对成绩夸夸其谈，对问题则闪烁其词。

第二，企业家敢不敢直面痛苦？变革对于企业家来说，是一个极其痛苦的过程，因为这是在与自己过往的成功搏斗。就像俄国著名作家列夫·托尔斯泰说的那样：“每个人都想改变世界，却未曾想过改变自己。”

TCL 创始人李东生曾写过一篇名为《鹰的重生》的文章。在这篇文章中，他讲了一个鹰的故事。

鹰是世界上寿命最长的鸟类，它一生的年龄可达 70 岁。

要活那么长的寿命，它在 40 岁时必须做出困难却重要的决定。这时，它的喙变得又长又弯，几乎碰到胸脯；它的爪子开始老化，无法有效地捕捉猎物；它的羽毛长得又浓又厚，翅膀变得十分沉重，使得飞翔十分吃力。

此时的鹰只有两种选择：

要么等死，要么经过一个十分痛苦的更新过程——150 天漫长的蜕变。

它必须很努力地飞到山顶，在悬崖上筑巢，并停留在那里，不得飞翔。

鹰首先用它的喙击打岩石，直到其完全脱落，然后静静地等待新的喙长出来。鹰会用新长出的喙把爪子上老化的趾甲一根一根拔掉，鲜血一滴滴洒落。当新的趾甲长出来后，鹰便用新的趾甲把身上的羽毛一根一根拔掉。

5 个月以后，新的羽毛长出来了，鹰重新开始飞翔，重新再度过 30 年的岁月！

研究了数百家企业的变革实践之后，发现华为在以上两个方面做得最为彻底。

华为的核心价值观里面就有一条是“自我批判”。任正非是一个勇于否定自己过去的企业家。只有他敢否定自己，华为人才能真正具有自我批判精神，忘记成功的过去，拥抱虽然艰难但通往美好未来的变革。

做到自我批判之后，最重要的一个改变就是学会开放地去学习。

1998年，任正非从美国回来之后，写了那篇揭示华为变革底层逻辑的文章《我们向美国人民学习什么》。他在文章中写道：我们只有认真向这些优秀公司学习，才会使自己少走弯路，少交学费。IBM的管理经验是付出数十亿美元直接代价总结出来的，他们经历的痛苦是人类的宝贵财富。

高管团队是组织变革的催化剂

组织变革涉及公司整体及多个部门，任何一家企业都不可能依靠企业家一己之力来领导组织变革的行动，一个好的变革领导团队对变革的成败至关重要。

在华为长达10年的系统变革中，所有相关部门都以制度化的方式参与进去，而高层管理团队则是发起和管理变革的核心力量。比如，在华为引以为傲的集成产品开发变革过程当中，变革指导委员会的成员就多达20人，董事长孙亚芳亲自担任主任，任正非和IBM项目负责人担任顾问。之后，华为又建立了一套变革推行的制度体系。

在组织架构上，华为设立了变革指导委员会（RSC）、变革项目管理办公室（PMO）以及变革项目组三个层次的变革机构（见图6-1）。

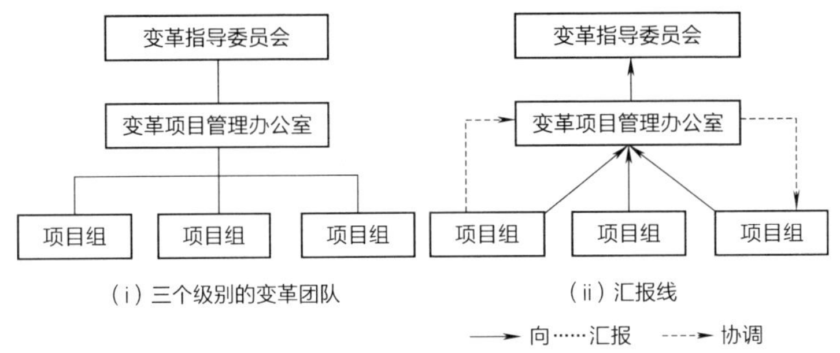

图 6-1　华为变革管理组织架构图

在变革指导委员会成员的构成上，华为采用的是“业务精英 + 种子选手”的方式。任正非对此做法的说明就是“要让少数明白人带起一群聪明人”，让业务精英参与，可以让变革更有成效，因为变革最终是服务于业务的。而选用业务部门的一把手加入变革团队，也是为了在变革项目的推进中锻炼他们的系统性驾驭能力。

企业的重大变革项目，当主帅在前面摇旗呐喊，如果后面没有人跟随，那肯定是不行的。一般来说，让高管团队和各个部门的领导参与到变革指导委员会当中是必选项。与此同时，仅仅成立机构是远远不够的，还需要有正式的制度和流程来保证这个机构的运作，比如，在变革指导委员会当中设置怎样的决策机制和程序，项目过程追踪和变革成果的落实，等等，这些都需要在成立变革领导团队的时候就筹划落实到位。

另一方面，高管团队还必须成为组织变革的先行者。人不率则不从，身不先则不信。高管团队要带头遵从组织的新规则，率先做出行为上的改变。当组织变革让自身利益受损的时候，高管团队要率先承受，从而提高员工的接受程度。上行则下效，组织变革的星星之火，才能形成燎原之势。

1996 年，华为举行了一场市场部的集体大辞职。要求市场部代表处正职每人提交两份报告，一份是个人述职报告，另外一份是辞职报告。而公司只会批准其中一份，这意味着中高层干部都需要重新“竞聘”上岗。为了让大伙都行动起来，时任华为市场部代总裁的毛生江带头辞职。之后，变革行动在整个市场部顺利推行下去了。从而为华为干部“能上能下”制度的长期贯彻，开了具有历史意义的先河。

不换脑袋就换人

从个人英雄的草莽阶段发展到组织规则化阶段，企业中的每个老人，都要重新接受一次“成人礼”——自我蜕变。然而，在过去成功的强大惯性之下，自我刷新总是极其艰难。

华为在创业初期有着自己独特的“狼性”文化，这种狼性让华为能够不惜代价地猛冲猛打，依靠冲劲赢得胜利。当在 IBM 顾问指导下实施变革的时候，华为人感到极度不适应，因为集成产品开发强调的是流程标准和规范化运作。就像 IBM 顾问项目初期看到的现象："华为人没有时间一次就把事情做对，但有时间反复地做同一件事。"

为了完成转变，华为采取了"以硬带软"的方式，一方面，通过集成产品开发的推行，让员工养成规范化的行为，长期坚持的行为就会上升为习惯，并能够逐渐沉淀为企业的文化；另一方面，华为推行任职资格制度，在任职资格标准中，不仅要求工作的质量，还会看是否符合相应的标准规范，是否能够有效地利用资源一次性把事情做好，这些都有助于改变华为人在创业时期形成的非职业化行为。

同时，企业家也要意识到，组织内部的固有观念不可能一下子就被删除干净，需要一个持续的过程。这里，一方面要设计一些制度性的保障；另一方面，耐心和毅力同样重要，只有通过组织内部大量的碰撞沟通和学习研讨，才能让深植脑海的固有观念渐渐松动。

华为在 20 多年的变革实践中，形成了一套系统解决变革中与"人"相关问题的方法。华为要做利益相关者分析，把变革影响到的员工群体按照"能力"和"意愿"进行分类，并采取不同的应对策略。特别是识别出有使命感且真正理解变革的人，让这些人去落地变革举措，通过他们去影响和改变“旧思想”。当变革取得成果时，要及时给予奖励。对于抵制变革的人，要保障被变革影响到的人的利益，同时尊重差异化，不追求整齐划一，给大家接受和改变的时间。对于实在不能改变的，也要做出及时、必要的调整。在整个变革过程中，讨论和培训贯穿始终。华为用激烈的碰撞研讨来刷新认知，用培训让参与者掌握新的技能和方法，从而确保变革的有效落地。

当然，光靠软的还不够，对那些不能够及时“换脑”的员工，企业也要懂得换人。

迈克尔·哈默有一个 20–60–20 法则，即当企业基于环境变化和战略调整进行重大组织变革的时候，只有 20% 的人会快速适应，60% 的人通过深度研讨以及沟通可以从不适应转到适应，但无论如何用力，总还会有 20% 的人长期无法适应。

华为当年对市场部干部的重新竞聘，就是考虑到了部分干部无法适应组织发展的问题。这个时候，高层管理团队一定要形成共识，就是坚定执行“不换脑袋就换人”的基本原则和制度，让组织能在巨大的阻力面前无畏向前。在华为 1998 年开始的组织变革中，100 多名管理干部因为阻碍变革，或是离开了公司，或是被降职处理。

当企业能够理解并妥善解决好变革中的阻力之后，从管理层到员工的行为也会逐渐发生积极的改变，给变革行动带来更大动力。之后的变革，就成了自驱力下的主动求变，变革成功的曙光开始展现。

第三节　组织变革成功三要素

作为一名企业家，你的工作就是去推动和领导变革。变革不仅带来风险，还有很大的不确定性。在企业变革的窗口期，企业家不能把变革当成一场赌博，而是要清楚地把握变革的规律，有一套清晰的变革策略和举措来引领变革。

积蓄变革势能

心想，并不一定事成。加布里埃尔·厄廷根在《反惰性》中指出，光有美好的愿望和目标并不能触发行动，因为幻想会欺骗我们的大脑，让我们完全松懈下来，提前享受美梦成真的感觉。可实际上我们并没有采取任何行动，什么也没有做，梦想也就无法实现。

要想梦想成真，你需要将愿望和现实合二为一，先关注愿望，再考虑现实。这样背后的原因是：对实现愿望进行的乐观幻想能提高人们的势能，而对过程中的障碍进行思考则会将人们推向低势能区间，这种“势能差”，就构成了激发改变的行动力。

因此，要想组织变革取得成功，第一步是要先认清变革的目标和现实的差距。对变革的目标认识越明确、越强烈，对现实认知越深刻、越透彻，变革目标和现实之间的落差就越明显，积蓄的变革势能也就越大。

1997年底，当任正非和他的管理团队拜访美国顶尖公司（IBM、惠普、贝尔实验室等）时，才发现华为远远落后于它们。当时，华为的产品开发周期是业界最佳水平的2倍以上；人均效益只有思科、IBM等世界领先企业的1/5；订单及时交货率只有50%，而国际上其他电信设备制造商的平均水平为94%；华为的库存周转率只有3.6次/年，而先进水平为平均9.4次/年；华为的订单履行周期长达20~25天，而先进水平为10天左右。

回国后，任正非发表了那篇著名文章《我们向美国人民学习什么》，借此来强调华为面临的组织危机，呼吁必须进行触及灵魂的变革。这篇文章，点燃了华为内心的变革之火。为了传播变革的紧迫感，任正非在1996—2001年还密集发表了《要从必然王国，走向自由王国》《狭路相逢勇者胜》《华为的红旗到底能打多久》《活下去，是企业的硬道理》《华为的冬天》等一系列文章。

变革始于危机和紧迫感。营造危机感和紧迫感是一切组织变革的入门课程。永远不要低估组织中的自满情绪，企业在形成了一定的惯性之后，就犹如温水里的青蛙，往往感受不到死亡的威胁，也就形成不了变革的紧迫感，只会在自己的舒适区中慢慢衰亡。很多企业喜欢唱赞歌，不愿意找出并讨论危机、潜在危机，并引领全体员工反思，导致公司内部的危机感传递不够，加剧了变革的难度。

危机意识会推动更为高效而彻底的变革。过去20年，华为习惯于采购全球最好的器件开发最好的产品，业务每年也增长得很快，大家都习以为常。过去两年，华为面临着复杂的外部环境，受到的极限打压，让全体华为人清醒地认识到公司的生存环境发生了巨大的改变，从而激发了敢于自我变革的决心。为了解决业务经营的连续性，华为推动了产品研发的进一步变革，主动培育安全可靠的供应链伙伴。复杂的变化、生存的压力，都是华为营造变革氛围的契机。

归纳下来，面对变革，企业内部不能处在“皇帝很急、太监不急”的局面，而是要在组织变革的准备阶段，在企业内部的“相关人员”中营造一种变革的紧迫氛围。

我们咨询过的一家1500人左右的公司，动员了200多位员工参与变革项目，取得了出人意料的效果。在更大型的组织当中，参与变革的人数会更多。在组织变革的准备阶段，速度可以慢一点，时间可以长一点，动员的范围要广一些，消耗的资源可以大一些。这些都是变革过程中不可或缺的投资，长期看都是值得的。

从效果上来看，企业可以采用具有直观体验性和令人印象深刻的宣传方式，让危机显性化、可视化，这样的做法会比冷冰冰的PPT分析演示更能刺激员工的变革之心，增强员工内心的危机感。比如，为了增强研发人员的紧迫感，华为曾经把呆死料做成礼品发给研发人员，让研发人员直面客户来接受外部反馈意见。

2014年，华为的供应链存在短板，实际货物和明细账目不相符，有时候信息流还跑不过实物流。华为的很多员工都了解这个问题，但没有深刻理解这个问题对客户满意度和运营安全的巨大风险。于是，华为召集了全球100多个代表处的相应主管回到公司，举行了“全球仓库大会”，面向全球直播，展示了一些让人触目惊心的图片、视频，比如分包商堆积如山的物料，让大家发自内心地理解变革的必要性，从而积极地投身其中。通过几年的努力，华为在账实相符方面达到了预期的变革目标。

除了广泛、深入的松土动员工作之外，还可以将变革项目分解成若干个子项目，每个子项目由员工组成的项目组来完成。员工参与的威力不仅在于员工更了解一线情况和变革方向，还在于这一举措为推动变革落地积蓄了新的势能，因为这是所有团队成员共创出来的，他们会像对待自己的孩子那样，捍卫自己的劳动成果。

变革绝不是一个顶层做设计、下层机械执行的过程，而是一个共同创造新组织的历程。形成变革共识的过程极其艰难但极为重要，领导层要将反对的声音和行为看成认知改变中的必经之路，而不是一味地抱怨或指责异见者，从而建立起广泛的变革统一战线。

别想把大海煮沸

有一天晚上，已经很晚了，麦肯锡还在起草关于客户竞争对手的“事实集录”。当时麦肯锡已经收集了成堆的数据，正在绞尽脑汁想从中得出一些新的看法。这时项目经理维克走进了他的办公室，维克手里拿着公文包和外衣，问麦肯锡工作进行得怎么样了。麦肯锡告诉他，工作进行得很顺利，但还想多归纳出一些图表。维克拿起草案，翻了翻，说："艾森，已经 11 点了。客户会喜欢你这样。在这儿，没有人比你更孜孜以求。今天到此为止吧，甭想煮沸整个海洋。"于是他们同乘一辆出租车回了家。

其实人最难控制的就是心中的欲望，凡是看到好的就都想纳入怀中，但现实是人的精力是有限的，如果什么都想去改善，那很可能是半途而废，或者一事无成的局面。

"别想把大海煮沸"是一个前提性的认知。在组织进行变革之前，领导者就一定要有全局意识，要进行系统思考，同时在推进过程中也要聚焦重点，把握节奏。

华为变革管理的步骤有一个十二字方针，即"系统思考、重点突破、持续迭代"，从而为管理层在领导变革的时候提供了一个清晰的思路。

系统思考

《华为基本法》就是任正非对华为未来发展的一个系统思考。据当时参与撰写基本法的成员回忆，专家小组的办公室就设立在任正非的办公室隔壁，任正非只要没事了就会过来跟专家们聊天，其中关于《华为基本法》的正式讨论就有 8 次，此外还有一二十次的非正式讨论。

随着讨论过程的深化，任正非渐渐想清楚了华为未来应该要成为什么样的企业，为了要成为这样的企业要做些什么，以及该坚持什么样的指导原则。任正非想得越透，心也就越定。当时《人民日报》就这样评价道：《华为基本法》是中国民营企业走出混沌，完成系统思考的标志。

大多数企业家，很容易今天一个主意，明天又变了，管理思路飘忽不定，组织也备感迷茫。企业家要明白，企业内部永远存在问题，但问题的严重程度不同，需要解决的紧迫程度也不同，所以要避免一开始急于解决全部问题的倾向，而是要系统思考并妥善处理各种问题，分清楚相互关系和轻重缓急。

基于系统思考的高质量变革规划是组织变革成功的起点。以华为为例，1998 年华为启动了“IT Strategy&Planning”的一个项目，正式启动了华为公司的大变革。通过这一规划，在 10 年时间内，华为实现了产品开发、供应链以及财务的集成，构建了相应的流程、组织，并且固化到了 IT 系统中，华为的组织能力发生了质的飞跃。

当然，在如今的高度不确定时代，变革目标和变革路径两者并不总是清晰的。有的时候，变革目标是明确的，但变革路径还需要摸索，比如很多公司的数字化转型就是如此。这个时候，可能就无法预先拿出一个清晰的规划，需要“摸着石头过河”，待路径逐步清晰后，再制订规划和变革路线图。还有的时候，变革目标和路径都不是很清晰，就只能鼓励有条件的部门或员工“先行先试”，逐步把变革目标和路径探索清楚。

下图是 IBM 当年提供给华为的变革管理“三阶八步”系统模型，你可以结合自身的情况参考借鉴。

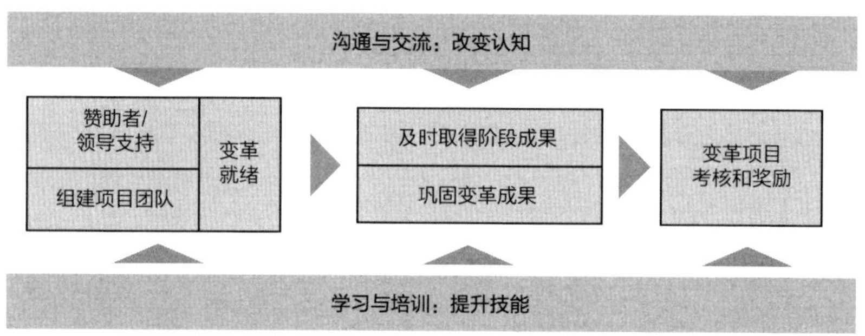

图 6–2　组织变革的“三阶八步”

重点突破

著名军事战略家冯·曼施坦因在《失去的胜利》一书中总结德军失败教训时说：“不要在非战略机会点上消耗掉战略竞争力量。”所谓重点突破，就是要聚焦企业现阶段的主要精力，解决好当下面对的主要问题。

对处在这一阶段的企业来说，有四个方向值得参考：

第一，对处在青春烦恼期的企业，要从企业的实际出发，从当下最重要的问题入手。因为这一阶段面对着各式各样的问题，企业家肯定忙得焦头烂额。而我们又不可能一次性把问题都解决，所以要找出现在企业最痛的点、问题最突出的方面作为突破口。在日常的管理运营当中，中高层管理团队会有一些见解，也能看到企业存在的一些问题，所以可以在中高层管理团队内部达成一个共识，找出现阶段企业内部最重要的问题，撕开一个城墙口。

第二，企业可以从最重要的业务环节开始入手，始终瞄准企业最根本的增长问题。华为请 IBM 做的集成产品开发项目，就是从产品研发入手，将“偶尔推出好产品”转型为“持续推出满足客户需求的好产品”，缩短了产品开发周期，极大地提升了华为产品和解决方案的市场竞争力。在此基础上，华为获得了国际主流大客户的认可，在海外市场上实现了大突破。

第三，企业可以从考核激励机制入手。企业在创业成功之后，不可避免地会遇到员工的利益分配、绩效考核、薪酬激励等问题。如果这些问题无法解决，公司的动力机制就会缺乏，势必会影响到公司未来的发展。因为企业在创业初期，大家凭着一股子热情一起打拼，而企业好不容易生存下来，赚到钱了，要怎么分配，其实也是一个大难题。所以，企业在这个阶段也可以把考核激励的变革工作放在重点突破的位置上。20 世纪 90 年代初期，华为请几位人大教授做的管理咨询项目，其实就是要解决市场营销部门的绩效考核和奖金分配问题。

第四，积极拥抱数字化和智能化。新冠疫情推动的数字化转型和智能化升级不是短期的，而是大势所趋。华为已经意识到第四次工业革命正在来临，数字化生产已经成为普遍的商业模式。所谓数字化生产，其实就是以数据为处理对象，以 ICT 平台为生产工具，以软件为载体，以服务为目的的生产过程。第三次工业革命所带来的机器的进步，并不能解决一家企业或者一个行业的运营问题，而运营效率或者说运营成本居高不下的问题，已经成为一个时代性的难题。只有通过数字化和智能化，才能够从根本上解决这个难题，使得企业在产品、体验和成本这三个要素上有可能同时做到最优。2016 年，华为将数字化转型定义为公司最重要的战略变革，正式启动了第二次公司级的数字化转型，确保华为在数字化时代保持领先。比如，在新冠疫情期间，华为用云上展厅，为客户打造身临其境的方案和面对面亲切沟通的体验。

当然，不管从哪里开始组织变革，最终都指向战略目标的达成。如果战略还不够清晰，那么在调整组织架构、价值导向、配套机制等方面都将失去方向。因此，有时可能需要适当地做一些战略澄清方面的工作。一旦战略方向和目标大致确定，你就可以着力解决那些阻碍战略实现的最重要问题。

持续迭代

企业就像一个有机的生命体，与外界的关系在不断地发生变化，所以就需要不断地做调整，这是一个持续迭代的过程。在这个不确定性极强的时代，唯一可以提高成功概率的是：加快组织迭代的速度。

在华为内部，有一个关键数据鲜为人知，就是他们每年都会拿出总销售收入的3%用于管理变革。如果按照华为现阶段每年的销售收入情况来看，这笔钱将达到数百亿元。而这笔钱都被用来找出企业不适应未来发展的地方，并有针对性地做出改变和调整，坚决贯彻持续迭代前进的决心。

为了提高组织迭代的速度，企业可以设计一些数字化的组织管理工具。这些组织管理工具，就像我们手上佩戴的“健康监测仪”（借助智能手机App查看心率、运动数据等），可以帮助企业及时发现组织运行状况，发现组织中存在的问题。比如，针对某个特定的公司目标，企业可以通过记录不同部门投入的时间资源比例，评估公司跨部门的协作效果。如果部门之间的投入比例相差过大，企业就可以进行必要的干预和调整。

说到底，组织变革是一个耗时并且极其复杂的系统工程，不可能一蹴而就。所谓持续迭代，就是需要企业在各个发展阶段不断地调整升级，让组织能力动态匹配业务发展，这是一场没有止境的无限游戏。

积小胜为大胜

为了提高组织变革成功的概率，既需要正确处理变革与稳定的关系，还需要对组织变革过程进行有效管理，快速看到可见、重复、可复制的变化。

> 以华为的年报为例。过去，华为的重要财务报告要一个月的时间才能形成，后来缩短为一周，再后来变成一天。现在，华为每年的年报（从 1 月 1 日到 12 月 31 日），在下年度的 1 月 1 日的 00：01 就能出来。华为还有“五个一”工程，包括合同前处理周期一天、订单到发货准备一周、订单到客户指定站点一个月、站点交付验收一个月、软件从订单到下载准备一分钟。

除非组织已经病入膏肓，需要进行外科手术式疗法，在大多数情况下，组织变革最好能高处着眼、低处着手，要从具体的业务场景和业务问题出发，快速获得阶段性的成果，积小胜为大胜，以便为最终成功打下坚实的基础。一鼓作气，再而衰，三而竭。如果没有短期效益，动力和信心受挫，变革的热情很快就会衰竭，以后再启动变革就非常困难了。

可以先选一块最有可能成功的“变革特区”进行试点。在变革特区内，可以先按照前面章节描述的原则和做法构建以客户为中心的组织。而在变革特区之外，则仍然按照原来的组织管理方式运转。变革特区必须拥有合适的领导者。同时，授予领导者足够的权力，给予他们充分的自由空间，鼓励他们大胆尝试，并允许他们在试错和纠错中前进。

以华为推行IPD（集成产品开发）为例，1999—2003年，华为在不同产品线上试验IPD系统，从试点单位收集了大量的数据，并且反复讨论IPD的每一个细节，让员工在思想上接受了这套工作方法。华为先组建一个PDT（产品开发团队）试点，成功之后，做成“玻璃房”供内部员工学习。然后再组建第二个PDT试点，再次获得成功后，开始覆盖30%的研发项目，让更多的项目从IPD的变革中获得收益。之后，华为才在全公司范围内成立集成组合管理团队，将IPD推广到了全公司。

这种渐进式和小步快跑的变革路径，让公司和员工都有了足够的时间去适应新的管理方式，同时也减少了对短期业绩的负面影响。另外，为了有效地管理变革过程，需要制订阶段性的变革目标和计划，设置可衡量的评价指标，并做到变革过程的可视化跟踪反馈。当达到了预期的变革目标时，要大张旗鼓地表扬和奖励有功人员。千万不要忽略变革中的小改进，不要忘记对变革做出贡献的员工给予及时的认可和激励。

关于变革管理，建议大家继续研读约翰·科特的《领导变革》、IBM 组织变革模型以及华为管理变革的实践案例等。

和人从呱呱坠地到长大成人一样，企业的不断成长，也必须跨越不同的发展阶段。在这方面，新生代年轻企业占有天时地利，以客户为中心的意识更强，变革相对容易。但企业的未来之路还很长，组织规模化和业务复杂化会让成长变得越来越难。每一个成长的转折点，都意味着更大的危机和挑战。当用以往的处理方法无法应对的时候，企业就需要实施组织变革，借此不断突破自己的阶段性天花板。

当一家企业掌握了组织变革之道，建立了持续变革的能力，就能迈过一个接一个的成长台阶。基业长青，也渐渐从梦想走进现实。

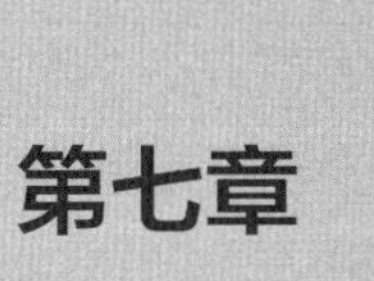

组织核心：打造一支持续打胜仗的团队

知道以客户为中心的组织建设之道后，你是否一定能成功呢？在近二十年的咨询实践中我们发现，绝大多数企业并没有形成真正的组织力。寻根溯源，企业家自身的成长速度，对组织成长形成了关键性制约。

组织力的萌生，从企业家掀起的“涟漪效应”开始。企业家先把身边的几个人团结起来，让这些人认同你、发自内心地愿意跟你走。再由核心高管团队这台发动机扩展到整个组织，最终形成强大的组织力。组织能否产生这种“涟漪效应”，关键在于领导者从认知到行为的转变。

转变之一，由“企业家驱动”转向“自我驱动”。任正非说：“人感知到自己的渺小，行为才开始伟大。”企业家必须深刻认识到，企业要发展壮大，就必须要把自己“变小”，把别人“变大”，才能摆脱“皇帝真急、太监假急”的困境。只有适当放手增加小伙伴们的责任和权力，才能激发出管理层和员工的内在驱动力，把“要我做”转变为“我要做”，不待扬鞭自奋蹄。

转变之二，从“人治”转向“法治”。创业初期都是野蛮生长，企业家个人讲话就是规则，说什么是什么。当企业进入“快速成长”阶段时，就得把个人讲话转变为组织规则。企业家不仅要领导建体系、立规则，更需要以身作则、照章办事。换句当下流行的话，就是把个人权力关到笼子里去，而这个笼子，就是组织规则。

转变之三，从“务实为主”逐步转向“务虚为主”。创业初期，企业家自己必须“向钱看”，找客户、抓产品、搞融资，哪里着火救哪里。度过初创期后，企业家必须从“救火队长”的身份中逐渐解脱出来，多花精力去思考让企业长期发展的战略命题和组织命题。只有登高才能望远，从而看清事物的本质，形成战略洞察力和“使众人行”的组织领导力。

转变之四，从“个人决策”转向“集体决策”。创业时期，企业家一个人拍脑袋决策基本可行。船大了之后，企业家越来越看不准，个人决策的失误大幅增加。要保证方向大致正确，就要改变决策机制，从企业家个人决策转为高管团队集体决策。华为从2004 年开始建立 EMT 团队，试行轮值主席制度。任正非成功地将个人智慧转变为了集体智慧。

以上转变看似简单，操作起来却极其困难。一方面，创业成功让企业家产生过度自信和自恋，形成个人英雄的惯性思维，难以看到自己的局限；另一方面，领袖会被赞美所包围，喜欢听自己想听的，看自己想看的。改变自己过去成功的思维定式，需要极大的勇气和毅力。

任正非就说，过去的成功，不是未来成功的可靠向导。桥水基金创始人瑞·达利欧则提出了一个成功公式：痛苦 + 反思 = 成长。这位全球顶尖投资人和企业家告诉我们：必须将眼前的痛苦视为成长的信号，深度反思，打破自己原有的认知，缩小个体力，放大团队力。

第一节　从自我觉察开始，切换心智模式

在过往的企业咨询经历中，我们曾遇到这样一家企业。随着公司的快速发展，领导者也变得越来越忙，每天被各种决策拍板的事务忙得焦头烂额。于是，领导者请了咨询公司重新设计组织架构，梳理各层级部门的责权。把部分权力下放到区域公司，既能更加快速响应市场和客户需求，又锻炼了区域公司总经理的经营管理能力，领导者的宝贵时间也被大大释放出来。

但是，实际效果却很不如意。领导者口头上说要授权，可实际上却以区域总经理能力不行，风险很大为理由频频干

预，大权独揽的模式依然没有改变。

要实现行为层的改变，就需要从认知思维层的转变开始。此时“自我觉察”就变得很重要了。你需要向内叩问，找到阻碍自己转变的那个“心魔”。只有实现底层的察觉，才能有意识地切换你的心智模式，从而最终实现行为上的改变。

我们的一切行为都依赖于底层认知。王阳明提倡“知行合一”，如果你只说不做，那就并非真的“知”。嘴上说要变，但身体很诚实，那就不是真的知道。

再看另外一家企业，创始人年轻有干劲，所有事情都想做到尽善尽美。随着公司规模越来越大，他的日程也越排越满，即使马不停蹄，也顾此失彼。经过顾问多次辅导沟通后，才渐渐触及他的心魔：他回想起小时候因为身材矮小，在体育课上经常被其他男孩子取笑，还时不时被别人欺负。从那时起，他内心就变得很自卑，非常想得到大家的认同，想尽办法讨好周围的人，从来都不会拒绝别人。到了办起自己的企业，也是习惯凡事亲力亲为，任何求助请求都是来者不拒。

觉察到自己这个心魔之后，他开始有意识地切换自己的思维模式。尝试改变自己的行为：遇事先分轻重缓急，适当时候学会说“No”，也把更多的精力投入到公司的方向把握上面。

重新认识自己

“认识你自己”是苏格拉底的座右铭。可我们有谁真的认识自己，或者说，比较清晰地了解自己呢?

任正非把自我批判作为认识个人的主要方法。在自我批判时，始终遵循“三讲三不讲”的原则，即：讲自己，不讲别人；讲主观，不讲客观；讲问题，不讲成绩。当想要批评别人时，先来对照检查一下自己，看看自己是否做好了，以批评别人的标准来要求自己。不要强调客观外在的理由，多从主观上找自己的问题和不足。

当然，你也可以借助外部的手段来重新认识自己。请周边熟悉你的人给予你建设性的反馈，通过他评，进一步帮助你还原你的全貌。

记住，认识自己并非否定自己。首先是要接纳自己，再用发展的眼光看待自己。在对自己有较客观全面的认识后，你会发现随着企业的发展，你原有的行为方式可能已不契合当下的组织，到了需要改变自己的时候了。

刨根问底找根源

找到问题之后，接下来就是深刨，找到导致这个问题产生的根源。寻找根源，建议采用关键事件回溯法。也就是反思你在重大抉择面前的所思、所想、所感和所做，特别是在个人利益和组织利益出现冲突的时候，你的立场和取舍，会让你原形毕露。

首先，你像过电影一样，一幕一幕地回忆过往问题发生的关键事件，并充分还原当时的场景。然后，再仔细反思：在这个情景当中，是什么触发了你，让你产生了这样的情绪，或者让你选择做出了这样的行为。在你采取或者没有采取某些行动时，你经历了什么样的情绪或感受，你对当时的情景有何感想，你担心会出现什么样的消极后果？在这个情景中，你认为什么更重要，也就是你当时持有什么样的价值信念？接着再往前一步，当时的你，究竟想得到什么？

这个时候，你已经深潜到冰山底下，找到了你在关键 / 典型场景中的情绪感受、价值取向和内心深处的欲望、目的或者动机。归纳一下，在这些重大抉择的场景下，你通常采取什么行动，比如做了什么或者没做什么，这些行为对公司发展、他人或者你自己产生了什么影响？可以将你的所思所想记录下来，以便更好地帮助你认识自己。

切换模式，重新出发

通过上面的深度剖析，你已经找到了内心最深处的动机、目的或者欲望，以及你固有的行为模式。了解了自己的思维模式之后，首先你要承认和接受它。改变不是全盘否定，而是接受之后的重新开始。

接下来你就要去寻找新的思维模式。

请再重新回忆或者设想：如果再来一次，你将会采取哪些不一样的行动举措？可能会带来哪些不一样的影响？

将新的思维模式代入旧场景后，你会发现很多事情都变得不一样了。那么，在你接下来的工作和生活当中，你就需要刻意提醒自己，要用新的思维模式来设计新的行动方案。切换模式的过程极其痛苦而艰难，但却是你成长所必需的。为了达到改变的目的，你可以将新的行动方案告知周边的人，请他们一起提醒你，让改变成为你的新习惯并不断迭代下去。

归纳起来，改变自己是一件异常艰难的事情，但要想改变组织，进而改变这个世界，必须要从改变自己开始。

第二节　唯有合作，才有“团队”

杰克·韦尔奇曾说：“我的成功，10% 是靠我个人旺盛无比的进取心，90% 是倚仗着我的那支强有力的合作团队。”企业家在实现不断自我超越之后，接下来就是构筑核心高管层，打造一支强有力的高管团队。那么，如何判断你打造的是团队还是团伙？

在《水浒传》中，晁盖伙同阮氏三雄、刘唐、吴用、公孙胜等人，劫持生辰纲。东窗事发后，晁盖毁了家园，带着兄弟上梁山，走上不归路。作为众兄弟的带头大哥，晁盖为人义字当头，为朋友两肋插刀。可其并无远大志向，也无政治眼光。劫生辰纲、义聚梁山，也只是为了弟兄们能够厮混在一起，他们所追求的最大目标不过是大碗喝酒、大口吃肉的江湖快活。

以晁盖为首的梁山帮，我们称之为“团伙”。所谓“团伙”，就是抢钱分赃，聚义自爽，今朝有酒今朝醉，哪管明日是与非。成员之间只通过利益纽带维系，一旦有损自己利益，一拍两散或痛下狠手的比比皆是。

穿越到三国时代。刘备自幼家境不好，但自小胸怀大志，儿时与同宗小孩在树下玩乐时，便指着桑树说，我将来一定会乘坐这样的羽葆盖车。起兵以来，虽困难重重，但为匡扶汉室、建功立业，亦不气馁，因此，刘备以其远大理想及独特人格魅力，凝聚了强大团队，有足智多谋的诸葛亮、义薄云天的关云长、勇冠三军的张翼德以及浑身是胆的赵子龙等。他们彼此之间相互扶持，患难与共，历经一次次考验，最终促成了三国鼎立的局面。

刘、关、张、诸葛亮、赵子龙等人，以光复汉室的共同使命为纽带，追求的是长期目标；因此才能彼此信任，不谋一己之私、不争一时之功；彼此之间不猜疑，不保留，更不拆台。这便是“团队”。

团队的基石

“没有完美的个人，只有相对完美的团队。”想打造出好的团队，成员之间角色能力互补是基础，利益共享则是保障。

角色能力互补

高管班子的搭配需要角色之间能力互补，使团队呈现出“角色鼎力、相互增益”的整体效果。其中，有天马行空的梦想家，就得有脚踏实地的执行家；有极具理性的思考者，还得有情绪激昂的鼓舞者：

- 激情梦想家：目光长远，具有战略思维能力，着重长期思考，感染力强
- 坚定执行家：立场坚定，坚守底线，具备超强的韧性和执行力，千方百计朝着目标前进
- 理性思考者：全盘考虑，能运用结构和逻辑，善于系统思考和分析判断，风险管控能力强
- 感性鼓舞者：情绪充沛，善于洞察人性、营造氛围，具有同

理心，能激发凝聚力

互补性是团队健康发展的前提。擅长“务虚”的任正非和马云，就搭配了非常“务实”的孙亚芳和彭蕾。任正非知道自己的优势和不足，就会去寻找和他最匹配的互补搭档。

2018 年，孙亚芳卸任华为董事长一职。在这之前，华为“左非右芳”的管理模式延续了近 20 年。任正非是梦想家和鼓舞者；而孙亚芳是坚定执行家和理性的思考者，在准确把握任正非思想的同时，能做到坚决贯彻落实。孙亚芳建立了华为“狼性”市场营销体系，为华为早期的成功立下了赫赫战功。她操刀了 1996 年春节前夕的“市场部集体大辞职”，开了干部“能上能下、工资能涨也能降”的先河，改变了“官只能越做越大、工资只能越涨越高”的问题。从此，“烧不死的鸟是凤凰”成为华为最重要的企业文化符号之一。任正非善于战略思考和长远规划，是华为前行的“油门”和“远光灯”。而孙亚芳脚踏实地，时刻保持清醒的头脑，是华为前行中的“刹车”和“近光灯”。他们二位的互补搭档，让华为“火车头”的马力倍增。

利益共享

打造优秀的高管团队，还需要利益的保障。“既想马儿跑，又想马儿不吃草”只会是痴心妄想。建立利益共同体，共同分享打下来的天下，才能让大家对企业成败感同身受，更愿意全力以赴。

高管团队利益共享机制的关键，在于与企业整体及长期利益更加紧密捆绑，确保高管个人与企业的发展目标趋于一致。绑定整体利益，能有效避免高管的本位主义，让高管团队站在一个更高、更广的视角处理问题，以企业的整体利益为先；捆绑长期利益，能牵引高管注重短期利益的同时更关注企业的长远发展，避免短视。这就是任正非所说的：用利益共同体来支撑事业共同体。

团队的进阶

但是，仅仅角色能力互补（能合）及利益共享（利聚）还不够，关键还在于彼此的心是否紧紧靠在一起（心合）。正所谓伙伴同心，其利断金。那么，究竟怎么做，才能让大伙同心呢？

使命协同

真正的团队需要有共同的长期事业梦想和追求。它就像指明灯、引路人一样，牵引着不同性格和角色的人专注同一个方向，步调一致地前进。比如，在美国持续打压下，近 20 万华为人斗志高昂，快速进入“战时状态”，加班加点“补弹孔”“堵枪眼”，与时间赛跑。

价值观协同

如果说使命协同是为了保证大家前进的方向和目的地一致的话，那么，价值观就是道路上的红绿灯和黄白线，确保在前进的道路上，大家遵守统一的“交通规则”，保证团队的精神契合度。在艰苦的前进道路上，势必会遇到很多矛盾和冲突。面对分歧的时候，共同价值观就是一杆秤，每个人都自觉地拿这杆秤来评判衡量，最大程度地实现了求大同存小异，而不会因贪图一时之利而掉入万丈深渊。

实践反复证明，核心团队基本价值取向不一致，将大幅增加沟通和协同成本，更可能导致在战略选择、组织规则上出现貌合神离的情况，对组织的杀伤力极大。

> 每个企业的危难时刻，都是对高管团队能否恪守核心价值观的严峻考验。2000—2002年，华为正处于历史上第一次重大危机时刻，在三重打击下出现了罕见的负增长。这个时候，除了任正非的超凡意志力之外，孙亚芳、洪天峰、郭平、费敏、余承东等核心层的一致信念和率先垂范，让华为得以扭转乾坤，走出了那个极其寒冷的“冬天”。

心理协同

有了共同的奋斗方向和目标、统一的价值取向后，团伙能否顺利蜕变为团队，还要看成员之间能否有效互动、产生心与心的化学反应。

信任在不同学科里都有较广泛充分的研究。在团队里，一般指的是团队成员之间对彼此行为持一种积极预期的心理状态。这里我们可以从感性和理性两个维度去理解。

从感性的维度，信任主要基于心理情感，建立在双方亲密关系、情感交流的基础上。由情感驱动的信任，更侧重于双方之间的“缘分”纽带。比如，大多数企业组建创始团队，首先考虑的是相互之间熟不熟、亲不亲，从亲人圈、同学圈、朋友圈“下手”的居多，毕竟大家曾经“吹过同样的风，走过同样的路”，更容易建立信任。

但从理性的维度，信任主要是建立在对他人能力、态度、品德等进行综合考量的基础上。比如华为人信任任正非，是对他无私品格和人格魅力的尊崇，是对他崇高使命的认同。

这里，我们所强调的高管团队间的“心理协同”，便是一种以理性认知为基础、超越情感纽带的信任。企业毕竟是一个“陌生人”社群，单纯的情感信任无法长久，特别在企业快速成长或经受利益考验的时候，人情是最靠不住的东西。封建王朝的家天下，最终都会走向灭亡。正所谓：一代亲，二代表，三代了。

真正的高管团队，在角色能力互补（能合）和利益共享（利聚）的基础上，还必须达到使命协同、价值观协同和心理协同（心合）。这里我们为你提供一个简单的评估工具，表 7–1 中相关的特征描述将帮助你判断你的高管班子是不是真正的团队。

表 7–1　团伙 vs 团队评估表

维度	关键行为描述	评分
角色能力互补	• 高管群体在个性、能力、角色等方面能做到互补搭配，形成既发挥各自优势，又弥补各自劣势的组合	
利益共享	• 高管群体拥有与企业发展阶段相匹配的驱动力，并且与企业长期整体利益密切挂钩	
使命协同	• 高管能够清晰描绘组织的使命和愿景，并能据此设置自己的个人目标，使个人阶段性目标与组织目标一致	
价值观协同	• 高管认同组织的价值取向，并能够按照统一的组织规则待人处事，做到以身作则，身体力行，配合默契	
心理协同	• 高管之间可以自由分享想法、感受，彼此之间可以互相倾听、交流，极其坦诚地给予建议或反馈	

注：对照表中关键行为描述，对你的高管群体进行评分，用 1~5 分衡量：1 分代表“完全不符合”，2 分代表“基本不符合”，3 分代表“基本符合”，4 分代表“比较符合”，5 分代表“非常符合”。每项得分越高，说明你的高管群体越接近“真核团队”。

第三节　从团伙到团队，打造高管梦之队

胜任力强的高层管理团队的平均任期，对企业绩效有着显著的正向作用。华为本届董事会（2018—2023）的 16 位成员，平均在公司工作 26 年以上。平均任期时间越长，成员之间彼此就越熟悉，沟通和信息交流就越顺畅，进而达到提升企业绩效

的目的。

在亚马逊有一支非常神秘、稳定、核心的高管团队，内部俗称“S 小队”（“the senior team”）。尽管自 1995 年成立至今，亚马逊的高管成员时有变动调整，业务也不断在往多元化方向发展，但其最内核的团队却十分稳定。在贝佐斯的顶级幕僚中，有十几个已经与他共事十余年，而实际上亚马逊创立至今也才 26 年。

团队的构建

高管班子的来源不外乎两个途径：外部招聘和内部晋升，无论是哪个途径，想要打造高管梦之队，都必须先选对高管。华为的高管选择，是从以下四个方面进行判断。

判断价值取向。首先判断此人和核心团队、企业的价值取向的契合度，大家是不是“同路人”。华为选拔高管始终坚持德才兼备、以德为先。这个“德”指的就是核心价值观。经验可以积累，能力可以培养，核心价值观却难以改变，与其将就，不如擦亮眼睛选择一个志同道合的人。

判断胸怀格局。越往高层走，胸怀格局就越重要。胸怀宽阔和格局远大的高管，能够站在更高层次，更全面、更前瞻性地思考问题。同时，也更有利他之心，以整体和全局利益为重，放下小我和私欲。

判断思维模式。成长型思维的管理者更加享受挑战，不断学习，不受限也不设限。他们不止有远大的梦想，也勇于坚忍不拔地去行动。华为的高管团队有一个非常重要的特点，就是终身成长。他们坚持每天阅读，除了经营管理，还包括历史、哲学、宗教、科技、艺术等等。阅读中获取的许多信息，都会被快速分享和转化，应用到华为的管理实践中。

判断个人影响力。领导者需要带领团队奋战。此时，能否通过恰当的方式进行有效沟通，说服、影响和打动他人以获取支持，改变和影响他人的心理与行为，就显得尤为重要。真正的影响力不是通过职务权力使人臣服，而是通过非权力性的影响，让他人自觉认同接受。

图 7–1 展示了华为从 IBM 那里学到的“五级领导力”，达不到五级的领导者，无法进入华为的核心管理层。

企业快速成长的时候，引入外部优秀人才是必然的选择。但统计下来，高管空降兵的存活率不超过 20%，要么“水土不服”，要么把企业搞得“鸡飞狗跳”。

想要提高空降兵的存活率，首先，必须明确最高领导人是“空降成功”的第一责任人；其次，给予空降兵 3~6 个月的磨合期。例如，在岗位安排上可以先从副职或助手做起，让空降高管能更

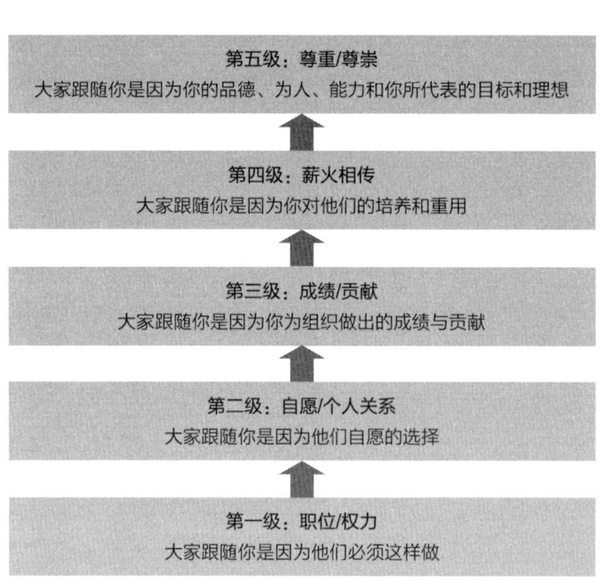

图 7-1　华为的五级领导力

充分理解企业文化、业务和团队。

实践下来，“磨合期”内采取以下三个举措，可以提升软着陆的成功率。

期望要合理。领导者往往对空降兵期望过高，但期望越高，失望也就越大。不想空降高管死得快，在磨合期就应该把真实情况沟通明白。比如企业的现状和关键症结是什么，老板想要的究竟是什么，空降难以存活的主要风险又是什么，等等，并就下一步的行动计划、预期目标达成共识，再给予坚定不移的支持。

关系要处好。新人的有效融入，最大障碍可能来自“老人”。因此，领导者需要帮助新人与其他关键人物建立融洽关系，并积极做好其他高管的思想工作，减少“排异”现象的发生。可以通过一些非正式的社交场合拉近彼此的心理距离，或者给新高管安排一位“内部支持者”，担任促进融合的大使。在新高管开展工作过程中，可能遭遇老干部不配合的情况，或是在跨部门协作过程中遇到“认知不对称”的难题，这时领导者应主动出面协调，帮助化解冲突矛盾。

决策要参与。在拍板一些重大关键事项时，多邀请空降高管一起参与讨论。一方面，新高管可以更深入理解企业的价值准则、决策方式、决策流程，缩小环境差异带来的文化冲突；另一方面也是给予新高管与现有班子磨合的机会，通过更密切的互动，加深彼此了解，建立互信。

团队的相处之道

2000年末，为了解决优秀人才流失的问题，任正非召开了一个高管内部会议。参会的人员有孙亚芳、郭平、费敏、徐直军、胡厚崑等。任正非在会上首先强调：“目前华为人员结构太过虚弱，需要引进新的人员，激发企业内部活力。”徐直军则说：“华为当前更需要保持现有人员稳定，减少员工熟悉工作环境的时间，提高市场部的工作效率。”胡厚崑也说：“无论研发部门，还是市场部门，都应保持人员的稳定。”

几位高管的观点，与任正非“空降高管”的策略明显不同。一直没有发言的孙亚芳给出了自己的建议：“华为人才流失已成事实！让优秀的人在华为内部选择更适合自己的岗位，而不是离开华为！”

面对不同声音，任正非并没有任何不满的态度，也没有为自己的观点辩解。会议最后做出决策：将内选外聘的权力下放到各个部门，让他们根据自己的实际情况做出决定。

我们所期待的高管之间的关系，就应该如同任正非与他的高管团队一般，不是高高在上的君与唯唯诺诺的臣，不是飞扬跋扈的老板与毕恭毕敬的秘书，而是一种相互平等、互相尊重、彼此信赖的伙伴关系。

罗马不是一天建成的。革命的友谊建立在一起出生入死的过程中，高管间的亲密伙伴关系也需要在日常点点滴滴中生发出来。

那么，高管之间应该如何相处呢？

不惧冲突，求取共识。为了让企业有效运转，让自己成为企业的发动机，高管团队必须在多个层面达成共识，保持一致，比如使命愿景、战略目标、重大决策等等。而达成真正共识的关键在于不惧冲突，足够坦诚公开，保持开放的心态，并具备一定的灰度思维。

团队中存在冲突是正常的。为了更好解决问题，达成共识，我们需要无惧冲突，直面分歧，实事求是地充分交流，而非因为害怕冲突而掩盖问题。刻意营造一团和气的氛围，才是对企业最大的伤害。我们应该鼓励“建设性的冲突”，如同华为“蓝军”（反对派）的存在，让“红军”少走弯路。

当然，出现争执不下、无法决断的情况也在所难免。但我们应该意识到，共识并非完全一致，而需要保有一定的“灰度思维”。这对高层管理者来说，更是如此。任正非信奉“灰度”管理哲学，认为灰度是事物发展的自然规律，强调的是一种妥协与包容的智慧。企业管理有很多看似悖论的存在，比如短期与长期、局部和整体、稳定与变革、个体与组织等，更需要以辩证思维看待，不能采取非黑即白、非白即黑的简单二元思维。

对于难以达成一致的争论，就需要设置决策原则。无论是在工作还是在生活中，只有坚守原则，才能提高成功的概率。比如客户至上原则，坚持以客户价值为先，保持利他思维；比如长期主义原则，在考虑当前利益的同时，应该兼顾未来，站在更长远的角度思考决策。在得出结论、形成行动方案后，则需要坚定不移地执行。

很多新生代企业在战略制定中，采用“战略共创和目标通晒”的方式促进共识与落地。

战略共创主要基于过去、当下、未来、世界、行业、组织、团队等不同的视角，让与会高管充分沟通、发散思维并深度碰撞，从不确定中找到确定性。由此产生对未来的愿景，找到共同目标。人们在情感上更容易接受与认可亲自参与并创造出来的东西，通过这种共创会的方式能更好地促进共识。

目标通晒就是对焦目标，晒 KPI，确保上下左右保持一致，保证业务目标与组织目标拉通。通晒之前，业务层面要全局思考、方向聚焦，组织层面要形成共同语言。晒 KPI 时，关键在于晒足晒透，不怕暴露问题，鼓励多拍砖，积极有效沟通，促成上下左右打通。目标通晒之后，要形成闭环，持续跟踪复盘，跟进落地实施效果。

在共创与通晒的过程中，要鼓励“直言有讳”，基于事实讲真话；同时，有话也要好好说，不搞人身攻击、不故意突放冷箭，对事不对人。

信守承诺，言行一致。人们之所以能够互相信任，是基于对方的所作所为、一举一动。想要得到别人的信任，就得首先成为一个“靠谱”的人，而信守承诺、言行一致则是关键。这不仅是对高管的要求，也是做人的基本原则。

言行一致也意味着不过度承诺，真诚待人。很多领导者和高管喜欢开空头支票，许诺了股权、期权，却根本无法兑现；或是爱唱高调，实际情况却不断“打脸”。“真诚”和“真实”是高管难能可贵的品质，也是团队相处的不二法则。

学会欣赏，允许试错。尊重个体的差异性，接纳事物的多样性，这就是我们通常所说的同理心。换位思考，理解对方的需求与动机，接纳不同的观点，包容创新中的失败，用成长的眼光看待每个人，这是领导者必备的格局与胸怀。

企业家想走出“一人企业”的困境，就需要给高管团队充分展示才华、自由发挥的舞台，并营造敢于试错的组织氛围，舍得为高管的成长交学费。华为轮值董事长郭平在2022年新年致辞中曾说过这样一句话：“我们鼓励有志者投身科学，探索不确定性问题，也激励优秀人才上一线，解决具体技术和商业问题，在激励政策上以责任结果为导向，但不以成败论英雄。”华为对待“失败”的观念，很有借鉴意义。

团队的动态调整

核心高管班子相对稳定但不是一成不变，企业处于什么发展阶段，业务发展有什么需要，就应该用什么样的人。很多企业家往往碍于情面，很难对曾经出生入死的战友下手。这里，我们提供一些平稳的调整方法供你参考。

角色转换。对于能力跟不上企业发展的高管，可以调整或转变角色，从核心管理岗位调整下来，退居二线，担任从旁辅导的谋士角色。比如转为业务专家、技术顾问，为现任员工提供专业/技术赋能；又或者充当文化教官的角色，帮助企业做好文化传承。

与马化腾一道创业的张志东从首席技术官岗位上下来之后，还一直担任腾讯文化教官的重要角色。

辅业分流。多业务单元的企业，也可以采用辅业分流的方式，将高管从原来主业的位置上调整到负责辅业的岗位上去，既提升了主业核心班子的竞争力，又妥善解决了老员工退出的问题。华为有个慧通公司，主要从事企业商旅服务，同时帮助华为成功分流了很多元老级干部，包括与任正非一起创业的江西生等一大批元老，都在慧通商旅继续发挥着重大作用。

提前退休。年纪稍长一些，却又未到法定退休年龄的老干部，可以通过支付退休补偿金的方式，让其提前退休。虽然这种方式可能增加企业的短期成本，但却为更有发展潜力的年轻人腾挪出发展空间。很多知名公司都设有提前退休机制，比如华为、惠普等。

归纳起来，打造高管梦之队，要先从源头入手，挑选“对”的高管；再辅以“相处之道”，提高核心高管间的黏合度；最后根据组织的发展，动态调整高管团队，保证团队与业务需要的契合度。

只有从团伙升级为团队，锻造出伟大组织的发动机，才能牵引组织能力的长期进化。

第八章

以客户为中心的组织进化

华为在业务全球化、技术和产品创新方面，都走在了中国企业的最前列。即使面对美国的残酷打压，华为仍坚不可摧，创造了“逆风飞扬”的奇迹。业务实力是面子，里子却是华为的组织力。

首先，华为主张组织一定要向前看，而不是沉湎于过去的辉煌战绩。在公司F1展厅整改工作交流座谈会上，任正非说：“我们应该给客户展示未来，我们不展示历史。”

> 很多大公司都有企业博物馆，博物馆里面陈列着这些公司的每一代领导人、每一个标志性产品。任正非2001年访问日本，在参观松下博物馆之后，曾有人给任正非提建议：华为应该建一个类似的博物馆，把从第一代小交换机开始的产品等都放在里面。任正非不同意，他说：“一个高科技企业，绝不能对历史怀旧，绝不能躺在过去的功劳簿上，那样就很危险了。”

华为从一家“三无”公司开始，当时无资金、无技术、无人才，但却一直保持着危机感和饥饿感，这是华为组织进化的第二个动因。正所谓“只有惶者才能生存”。在《反骄破满》《华为的红旗能打多久》《华为的冬天》等一系列文章中，任正非不断地强调“生于忧患”的企业发展观。

2019年，央视记者问任正非：“你认为华为当前主要的困难是什么?”任正非的回答是：“我们觉得除了困难，都是困难，没有不困难。”

更重要的是，通过不断地学习和实践，华为逐渐认识到组织进化的自然法则。在《一江春水向东流》这篇文章里，任正非说：“历史规律就是死亡，而我们的责任是延长生命。”为了达到这个目的，华为创造性地把“热力学第二定理”引入企业管理中，让组织在对抗“熵增”中，尽可能长地活下去。

第一节　组织进化的秘诀

活下去很难

达尔文在《物种起源》里描述自然选择的过程时说：只要气候有些许改变，那里的生物比例几乎立时就会发生变化，有些物种或许会绝迹。如果将“气候”换成“市场环境”，“生物”换成“企业”，这句话同样成立。华为当年的主要竞争对手，如朗讯、北电、巨龙等等，随着外部环境的变化，早已经不存在了。

更可怕的是，市场环境的变化速度越来越快。短短十年时间，苹果、谷歌、亚马逊等一大批新型公司，已经取代了埃克森美孚、通用电气、花旗银行等传统巨无霸的地位。

组织变革可以帮助企业实现阶段性跨越，但无法让组织基业长青。百亿容易，百年极难。因为商业组织和人类一样，死亡是基本归宿。所以任正非才会说：“过去我们说，活下去是华为的最低纲领；现在变了，活下去是华为的最高纲领。”

中国的人均预期寿命，已经从 1981 年的 67.9 岁提高到 2016 年的 76.5 岁。有科学研究显示，到 2030 年，人类平均寿命将突破 90 岁大关。

与人类寿命反向而行，企业的寿命正在加速缩短。自 1955 年《财富》杂志评选“世界 500 强”榜单以来，每年都有约 6% 的企业跌出榜单，且跌出的速度还在加快。短短几十年间，当年评选出的 500 强中仍旧在榜的老牌企业仅剩下 100 余家，超过半数已经消亡（见图 8–1）。而中国企业的平均存活时间竟只有 2.5 年！

那么，企业究竟该如何去做，才能尽可能地活得更久些呢？

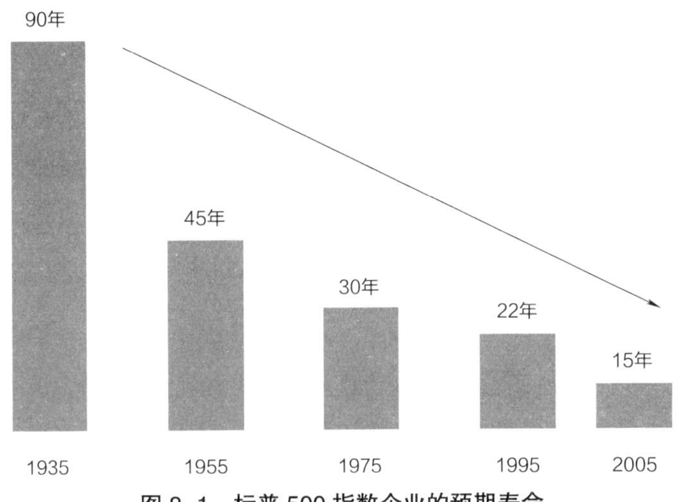

图 8–1　标普 500 指数企业的预期寿命

组织进化的秘诀就是对抗熵增

“熵”是物理学中的一个概念，最开始是用来度量一个系统的混乱程度。想象一下，一个房间内刚开始一半充满氮气，另一半充满一氧化碳，随着时间的推移，两边的气体必然会交融混合。房间内气体的混乱度（熵）在这个过程中不断变大，直到气体完全混杂在一起，熵达到最大值。

自然情况下，一个孤立系统的混乱程度总是增加的，这就是所谓的热力学第二定律，即“熵增定律”。如果你觉得有些难懂，我们就举几个生活中最常见的例子来说明——通常情况下，房间总是会越来越凌乱；你手头的事情越多，就越容易杂乱无章；人越衰老，各类病毒就越容易侵入……这些都是熵增的表现。

我们将视线转回到企业，发现“熵增”也是无处不在：流程僵化、创新乏力、人员惰怠、贪污腐败。久而久之，死亡必然会降临。

研究发现，“熵增”其实有两大关键条件：第一，系统封闭；第二，安身在舒适区，进入平衡态。

在某个论坛的冷知识问答里，有人曾问过一个问题：“为什么水一放到瓶子里就有保质期，而在自然界中却上亿年都不会变质呢?”

瓶中的水就是一个封闭的系统，在没有和外界物质进行交换的情况下，“熵”不断增加，清澈干净的水逐渐腐化变质；而自然界里的水处于一个开放的环境中，尽管“熵”依旧在增加，但增加的速度却被无限地放慢。死亡是必然的，但企业可以通过不断地组织进化来适应环境，尽可能地延长企业寿命，让死亡降临的时间大幅度延迟，使企业健康长久地存活下去。而进化的根本手段就是：对抗熵增。

落到实处，就是既要保持开放，又要不断打破平衡。

第二节　开放，开放，再开放

封闭系统的熵增最快，企业要想抵抗熵增，首先要做到的就是开放，开放，再开放。只有不断和外界进行物质和能量的交换，把内部多余废物耗散出去，同时吸收外界新的能量，才能不断地更新成长。

开放学习

在华为，有一句人人皆知的话，叫作“一杯咖啡吸收全宇宙的能量”。任正非认为，如果干部、科学家像老农民一样，一味地关在屋子里埋头苦干，视野是永远不能扩大的，而华为的“碉堡”最终也是守不住的。

华为要求公司的科学家和专家每年必须拿出 1/3~1/2 的时间到世界各地去喝咖啡。一杯咖啡吸收全宇宙能量的意思，就是利用各种机会和他人进行思想和知识的交流，这样的交流是不设边界的。凡是能够帮助华为提升能力的合作机会，华为人都可以沟通交流，不需要你加入华为公司，也不用你的成果，就是希望和你聊一聊，拓宽华为人的视野和思想边界。一个人的知识是极其有限的，多与人碰撞交流，多学习自己身上没有而别人却拥有的思想和能量，才能不断擦出创新的火花。

华为在全球有 26 个研发能力中心，数学、物理、化学科学家近 2000 人；同时，华为还设立创新研究计划（HIRP），跟全球 200 多所大学的实验室、教授开展合作研发项目，为全世界的高校与科研机构构建了一个虚拟的“咖啡吧”。通过 HIRP，华为大力支持全球不同方向的科学家，让他们的研究成果像灯塔一样，既可以照亮自己，也可以照亮别人。

华为全球第一的 5G 技术，就来源于与一位土耳其科学家阿勒坎的咖啡交流。2008 年，这位教授发表了一篇关于极化码的论文。华为内部便注意到了它背后的技术价值，很快与阿勒坎取得联系。那时候阿勒坎所研究的理论技术尚不成熟，公司内部评价风险很高，但华为仍然斥巨资支持他的研究。经过近十年超 10 亿美元的研发投入后，华为摘得了 5G 领先的果实。

扩大生态圈

在封闭的系统内部，组织各个层面长期得不到新的能量汇入，活力很容易枯竭衰亡。许多走在时代前端的企业洞见了这样的困境，用更开放的视野和格局去寻求机遇。

在我们的咨询经历中，接触过很多华为的供应商。谈起华为，普遍都竖大拇指，觉得和华为合作不但能赚到钱，而且还能提升自己。华为近几年开始有意识地扩大供应商朋友圈，培养那些今天技术能力还不那么强、有机会共同成长的合作伙伴。华为用自己的能力去帮助产业链上的伙伴提升能力，建立起一个更加可靠的生态供应链。

无独有偶，阿里在 2007 年把往后十年的企业战略确定为：建设一个开放、协同、繁荣的电子商务生态系统。阿里前副总裁曾鸣这样解释电子商务生态系统中的“生态”一词：生态就是针对某一个特定商业目的的平台化的社会化协同网络。它的核心是广泛连接、实时互动和自发协同。在生态系统中，每一方都依赖于其他各方才能获得成功，它们彼此提供丰富多样的资源，相互依存，协同共生。

在这样一个不确定的时代，企业若想活下去，就必须不断获取与时俱进的信息、资源和能力。想要从极其广泛的信息源中获取自己想要的信息，就必须开放自身，与外界做信息共享和交互，让信息流动起来，才能大浪淘沙、充满活力。

形成并不断扩大生态圈，正是智能时代的一种新型开放合作模式。通过融入生态圈建立网络化合作关系，企业能够将客户、商业伙伴、供应商等纳入组织的战略决策，实时洞察网络信息，建立客户黏性，把握客户 / 用户需求，最终实现价值创造能力的最大化。

第三节　打破平衡

过去，人们往往担心变化，认为维稳才是生存之道。但是，在剧变的环境中求稳，会让公司进入舒适区，诱发员工的懒惰和懈怠，加速组织的熵增。正如英特尔创始人安迪·格鲁夫所说："世界上唯一不变的就是变化。"

阿里巴巴前首席运营官关明生先生，也有一句流传甚广的金句——今天最好的表现，是明天最低的要求。不断打破平衡，挑战更高的目标，企业才能活得更加久远。

华为成长的底层逻辑，总结下来就是星云大师的那句话：为生逾死，向死而生。停下来就是死亡，只有不断超越自己，才能在更高的山顶上得到继续活下去的势能。

长期价值投资

都江堰水利工程建成至今两千余年，仍然发挥着巨大的作用，灌溉着成都平原。而其千年不毁的秘诀在于六个字——深淘滩、低作堰。沙石淤积的河滩如果淘得浅了，水量过少难以引水灌田；飞沙堰修筑时如果筑得高了，难以排洪排沙，分洪减灾。将这六个字应用在企业上，同样也能悟出企业长存之道。

深淘滩，即不断地挖掘内部潜力，降低运作成本，为客户提供更有价值的服务；低作堰，就是节制自己的贪欲，不能因短期受益而做让自己长期后悔的事。

如今的企业，都站在充满各种不确定性的分岔口，脚下是正在不断井喷的新技术。对企业而言，除了专注于已有业务的增长，绝不能忽略对长远发展的投资，否则必将前功尽弃。

> 华为每年把销售收入的10%~15%投入技术和产品研发中。过去10年，华为累计投入了超过6000亿元的研发费用，超过公司总收入的14%。目前华为在全球累计拥有专利超过85000项，其中90%以上为发明型专利。如今，华为已经成为全球申请专利数量最多的企业。同时，华为还积极改变研发投资结构，提高了不确定性技术的投入占比，把研发经费的30%用来做研究和创新，坚定不移地走“金钱换前沿”这条道路。

通过坚持长期性投资，华为将企业的物质财富最大程度地转化为企业发展的势能——技术资本、人力资本和组织资本，大大强化了内生动力。而由于物质财富储备已经被消耗掉，也一定程度上避免了因财富过度而失去危机感，进而失去发展的原动力。

任正非把华为的研发策略生动地比喻为“先开一枪，再打一炮，然后范弗里特弹药量”。所谓“先开一枪”，是指在不同前沿技术方向进行研究，华为非常鼓励对未来不确定性技术进行探索，探索中没有“失败”这个词。当感觉到研发有可能会突破时，那就“再打一炮”。当你觉得有点把握的时候，再进行密集投入，就是“范弗里特弹药量”。

范弗里特弹药量指的是军事上投入庞大的火力进行密集轰炸，对敌实施强力压制和毁灭性的打击，意在迅速歼灭敌人的有生力量，使其难以组织有效的防御。也就是说，华为的研发并不是漫无目的地探索，而是给了研发人员足够的时间和试错的机会，一旦发现突破迹象，就要下猛药，集中火力去快速攻克。正是这种敢于尝试和有的放矢的方法，让华为在5G等前沿技术上处在了领先的位置。

在战场上，如果想要攻打一面宽百尺、长百丈的城墙，也许需要数万人的军队；但如果只盯准一个城墙口，只需要几十上百人冲锋便够了。在技术研发中，企业只要找准了这个城墙口，开足马力压强式地进攻，就能由点及面，最终拿下整座城池。

针对企业长期价值开展的多路径、多梯次、饱和攻击的业务投资组合，就是华为在战略和业务上抵御熵增的关键举措。之所以采取多路径创新方式，是因为前沿创新存在着极大的不确定性。

华为曾有个硅光项目，突破后可以大幅度增加技术先进性并降低成本，给公司带来数以亿计的利润。当时有四条路径，华为就把项目分成四个团队，谁也不知道哪条路径能成功。一位光传输方面的顶级专家带着精兵强将，沿着假定的最大概率路线前进。还有一位专家，带着另外一个团队沿着第二大概率的路走。还有一些技术骨干走第三条路径。第四条路径，当时判断成功概率是最小的，就让一个刚入职的博士来做。后来，竟然是这位最年轻的博士给做成了。

挑战不可能

企业如果安于现状享受短期盈利带来的安逸感，不需要多长时间，就会被时代无情抛弃，快速走向死亡。要想长久地活下去，企业必须学会主动求变，不断去挑战那些难以达到的极限目标，以此来激发组织的活力和员工的潜能，为了理想而长期奋斗下去。

华为的一位高管说，华为的30多年是苦难的30多年。一方面和残酷的生存压力、恶劣的外部环境有很大关系，但许多苦难都是任正非自己找的。放着容易的钱不赚，却非要爬珠穆朗玛峰，一条道走到黑，走不出来就死定了。

余承东2011年临危受命，负责华为终端公司的日常管理。当时华为终端公司的营收不过一两百亿元，而且都是给国外运营商代工定制。他毅然决定不再为品牌做代工，这需要冒极大风险，可以说是置之死地而后生。之后，他大刀阔斧地实施改革，按照互联网规律重新打造商业模式和经营模式，终于把华为手机做成了世界级品牌。

结构化目标设定理论之父埃德温·洛克提出：目标设定越具有挑战性，所产生的结果越佳。正如谷歌创始人之一拉里·佩奇所说："当你设定的是一个疯狂而富有挑战性的目标时，即使没有实现它，你仍然会取得不小的成就。"

被誉为日本经营之圣的稻盛和夫在创业伊始，就为自己的企业京瓷定下了明确的目标：成为世界第一。明明那时只不过是建立了一家微不足道的小企业，却夸下这样看似不可能实现的海口，听上去简直有些不知天高地厚。几十年过去了，这个位于顶端的目标虽然依旧未实现，但京瓷已经不知不觉地攀登到了高峰，屹立于《财富》世界500强之林。

稻盛和夫回忆起创业拼搏的时候，说自己只要一有机会，就把"日本第一、世界第一"当作口号不断强调，煞费苦心地提高包括自己在内的全体员工的志向和士气。这种超现实的目标看似在白日做梦，却帮助京瓷公司在苦难和困境一次又一次降临时，发挥了积极的作用，不断鼓舞着员工，让所有人心无旁骛，全力以赴，共同推动企业不断跨越艰难险阻，登上高峰。

挑战不可能，就是付出难以想象的努力向顶峰攀登，是尽最大可能激发精神力量催发内生动力。所谓成就卓越，指的就是这样的一种精神状态。

激活个体

今天，相当一部分企业的目的是让风险最小化，让利益最大化，而不是让自由和速度最大化。信息和数据被严格保密，决策权掌握在少数人手中。但很多人还没有意识到，这个时代已经变了，VUCA 不是简单的字母单词，是整个环境的天翻地覆。在如今计划赶不上变化的时代，自上而下的预测命令常常还未传递到下面就失去了效果，控制也随之失去了意义，传统的金字塔模式只能加快企业的死亡。

改革开放 40 多年的历史已经告诉我们，要想让一个组织有活力和有未来，就必须承认并尊重个人的自主选择和发展，不能用传统计划经济的管控方法，不要想把每个人都改造成为圣人——一个纯粹的人，一个毫不利己专门利人的人。

激活组织的基础是激活个体。当人进入一个相对舒适区的时候，华为就会打破这种平衡，让人重新焕发活力。华为在这方面的做法，主要体现在三个方面：保持流动性、拉开差距和吐故纳新。

人才的合理流动，就是要实现员工能上能下、能左能右，形成干部和人才队伍的良性循环机制。在华为，干部三起三落、七上八下的情况非常普遍。它让大家明白当干部只是一种责任，不是一种权力，如果无法履职，你就得下来，等能力提升了还可以再上去。在促进人才合理流动方面，华为有四种做法值得借鉴。

第一是实现全员任期制。华为所有职位原则上均采用任期制管理，最长任期不超过三年。任期届满，绝大多数岗位都要做出调整。自公司成立以来，除了任正非、孙亚芳等少数高管，其他重要人才在一个岗位上的任职时间均不超过3年。通过任期制，强制人才走出舒适区，保持终身成长的激情。

> 一个员工在海外销售岗位上工作3年，通常闭着眼睛都可以打单产粮食了。一般公司都会在原岗位上继续留用这名员工。但华为的做法是将此人调配到一个新的国家，重新开始。面对新的商业环境，他需要加班加点地学习和工作，熟悉新的产品，建立新的客户关系，争取尽快做出业绩。实践下来，挑战性工作的压力，让人才成长的速度加快。

第二是建立内部人才流动市场。从而实现员工与公司需求的双向选择，让人力资本价值在动态中实现最大化。

> 华为建立了一个人力资源信息公开平台，有需要、有空缺的部门可以发布工作机会。符合一定条件的员工可进入内部人才市场应聘。进入内部人才市场的条件包括：个人职级要求、个人绩效要求、过去进入内部人才市场的记录等。只

要内部人才市场确认接收，员工可直接进入内部人才市场，无须原部门主管批准。主动申请的员工拥有一个月带薪应聘转换时间。应聘员工通过面试考核，可以从原部门转到新岗位，在新岗位上接受岗位职责、个人职级、工资待遇等新条件，但可保留原岗位的长效激励措施，如限制性股票、TUP等。

第三是有序轮岗制度。除了轮值董事长之外，华为员工经常会在不同的工作岗位之间轮换。基层员工开展“认知型”周边流动，知晓工作场景、掌握岗位必备技能，熟悉周边岗位技能。中层骨干员工开展“赋能型”前后流动，专家按需到一线作战、中基层干部按需在一线与机关间轮岗。中高层管理人员主要是跨业务、区域、职能流动，促使高层领导了解一线，拓展业务视野，积累复合型领导经验。此外，通过研发—销售服务—研发—其他岗位的循环锻造，华为培养出一大批既懂技术，也懂商战，还具有战略洞察力的高端后备人才队伍。

第四是破格提拔。对于明显超过平均业绩的员工，华为建立了破格提拔机制。前文中提到的那位取得创新突破的年轻博士，他的成功不是在撞大运，而是凭实力取得。像这样的人才，华为就给他破格提拔了五级。

拉开差距就是向奋斗者倾斜。按职位价值、能力和业绩贡献拉开合理的分配差距，向做出突出贡献的“极优和优秀人才”倾斜。通过差距势能形成发展动能，最大限度地激发出员工的奋斗激情和个人潜能。我们在长期咨询中发现，与华为相反，大部分企业偏向在内部搞平衡，形成薪酬分配上的“大锅饭”，无法实现人力资本的快速增值。

> 2019—2021 年，华为从全世界招聘若干名天才少年。开出的年薪在 140 万 ~200 万之间。这种高起薪对华为内部造成了巨大冲击，很多老员工在华为工作一辈子也拿不到 200 万的年薪。但华为要的就是这种“不公平”，正如任正非所说：“这些天才少年就像泥鳅一样，钻活我们的组织，激活我们的队伍。”

吐故纳新就是要实现能进能出，及时优化调整不胜任岗位的干部和员工。通过不断换血，坚持“把合适的人放到合适的岗位上”，能够迫使队伍的自我学习和自我提高。任正非说：“对于干部队伍，主官和主管每年强制性 10% 的末位淘汰，即使全优秀也是如此，这样才有新的血液循环。”

通过以上三管齐下的组合拳，把员工队伍充分激活之后，企业发展的意志成为员工自身发展的意志，所有人都会朝着一个方向前进，企业就拥有了源源不断的内生动力。

结束语

归纳而言，企业的快速衰亡注定是大概率事件。但正如某些生命体可以通过不断地进化长期存活下去一样，企业同样可以通过组织进化来适应剧变的环境和充满不确定性的未来，在对抗熵增中走在前列。

无论企业处于什么阶段，我们都需要建立一个基本的认知：不管环境如何变化，不管企业的商业模式和组织形态如何改变，其基因内核是不会变的，那就是以客户为中心。

以客户为中心的组织，无须过多地讨论“死亡”这个哲学命题，因为企业终有一死，而是应该向任正非学习，把自己的宝贵精力聚焦客户价值，投入到长久“活下去”这个现实命题上。唯其如此，你的企业才可能活过 100 年，甚至可以活得更久一些。

附录

锻造组织力的工具箱

Q1：究竟什么是组织力?

A1：组织力，是一个组织为客户创造价值的内部合作方式和特征。对内表现为一种凝聚各种资源及能力的聚合力，对外表现为一种适应环境的进化力。组织力包括三大关键要素：组织运作、人才队伍和企业文化。其中，组织运作是组织力的核心内容，人才队伍是组织力的关键支撑，企业文化是组织力发育的土壤（土地肥力决定组织力的底层逻辑和进化活力）。基业长青公司把对组织力的理解概括为："A+" 组织力模型（见下图）。

Q2：如何系统打造组织力?

A2：组织力发育成长类似"涟漪效应"，在企业家精神（内环）

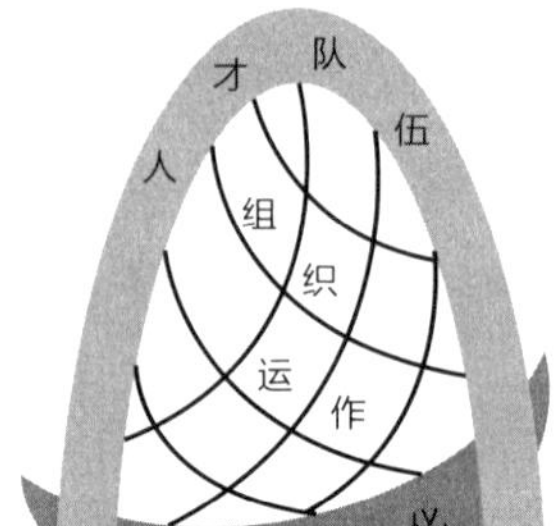

“A+”组织力模型说明

- 组织力包括三大关键要素：组织运作、人才队伍和企业文化
- 组织运作居于中间位置，强调其为组织能力之核心。组织运作的特征是各种资源的组合运用，图中采用经纬交织的方式代表组织运作
- 人才队伍是组织能力的关键支撑，以简化的站立形式代表人才队伍。人才队伍站立于组织运作的两边，象征文武大臣位列东西两侧
- 企业文化是组织能力的灵魂，是组织能力发育的土壤，以月亮形状代表心，强调魂要附体（组织运作和人才队伍），起到贯通到底的作用
- 三个关键要素可分别用红黄蓝三色表示。红黄蓝是万色的基本色，由这三色演化而成万种颜色。借用老子的说法，道生一，一生二，二生三，三生万物。在中国传统文化中，三为动数，象征生生不已的创造，隐喻组织能力作为内在驱动力的本质特征

的牵引下，建立真核管理团队、明晰发展战略（中环），然后逐步扩展为公司的组织力（外环），形成组织成长飞轮（见下图）。当组织成长飞轮转动起来之后，依靠自驱力就可以推动业务成长飞轮。组织成长的发动机，也由创业初期企业家的个人能力转变为组织能力。

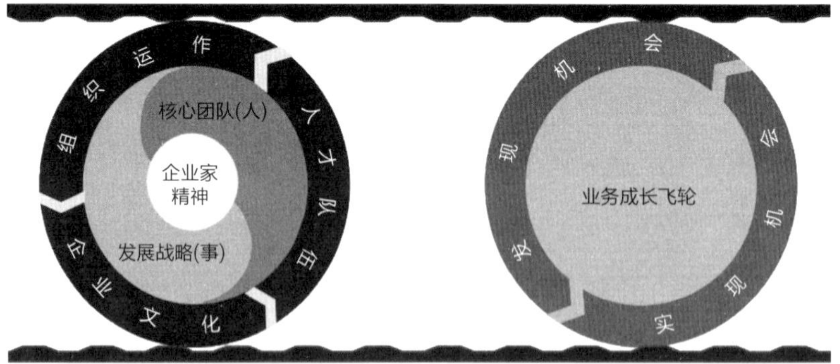

企业家精神居于内环，说明一个组织的组织力发端于企业家本人，没有企业家个人的成长转变，一个组织不可能形成真正的组织力。

核心团队和发展战略居于中环。意思是企业家必须建立起一个强有力的领导班子，并和领导班子一起明确企业的发展战略。以事聚人，以人谋事，人与事相辅相成，企业家将个人的影响力扩展为团队的影响力。

外环是组织力的三个关键要素。按照“系统思考、重点突破、持续迭代”的思路，先做好顶层设计和组织力成长规划，接着寻求重点突破，尽快解决“健康活下去”的痛点问题，并随着公司业务的发展而不断迭代。

Q3：如何加速升级组织力？

A3：组织力的升级是为了更好地支撑业务发展。因此，打造组织力，不能脱离业务实战。解决业务痛点问题，帮助一线打好攻坚硬仗，就是加速升级组织力的最佳场景。

第一步，从公司现状和客户要求之间的差距出发，找到1~2个业务痛点问题，比如某类项目交付质量不高，客户要求是90分，我们内部只能做到70分。

第二步，深入分析差距产生背后的根源是什么。比如，项目交付质量不高的原因可能是系统架构师能力不足、团队协同配合差等。找到根源之后，要制订解决这个问题的组织力解决方案。解决方案中，要明确具体的目标是什么。比如客户满意度要达到80分等。为了达到这个目标，需要明确3~5项关键举措、推进计划和具体的衡量标准。比如要在3个月之内，招聘到业内领先水平的系统架构师等。

第三步，采取项目管理的方式，按计划实施解决方案，并按设定好的目标和衡量标准，分阶段评估实施效果，确保预期目标的达成。

最后，复盘和总结上述过程中的成功做法，固化形成制度、流程或操作手册等组织的知识资产，并在今后的业务实践中持续迭代。每一次总结和沉淀，都是公司组织力的一次升级。

Q4：如何打造一家企业的核心领导班子？

A4：一个强有力的核心领导班子，需要具备六大要素：班子角色结构完整、合理，事业方向形成高度共识，利益机制捆绑牢靠，运作机制健全高效，管理工具和语言一致，有共同的核心价值观。

第一步，要做好角色设计和人员盘点。确定核心团队的角色设置和人员胜任要求，对现有人员进行盘点，据此对核心团队做出必要的优化调整。

第二步，明确团队的运作机制和利益捆绑机制，并在事业方向上逐步达成一致。建立高效的沟通协调和集体决策机制；通过集体研讨明确公司战略和发展方向；优化完善激励机制，特别是长效激励机制，逐步形成利益共同体。

第三步，明确日常管理活动中大家统一使用的管理工具，统一管理语言。比如，华为战略管理用 BLM（业务领先模型），产品研发管理用 IPD，等等。

第四步，在总结公司成长的成败得失基础上，提炼公司核心价值观和行为要求。管理层要自觉践行价值观，并接受公司的价值观评价和考核。

第五步，通过学习和实践，共同提升每个人的领导力。在领导班子的日常运作中，大家通过解决公司重大问题的场景，一起讨论、反复实践，持续提升领导力。

Q5：如何打破部门墙，解决组织内部协同运作效率低的难题？

A5：企业内部跨部门协作差，相互之间不愿意配合，一般有四个原因：

1. 公司内部信息传递的充分性和准确度不够，“不知道你在干什么，我怎么配合你呢？”因为信息的通畅和透明问题，造成内部沟通协同的根基不牢靠。

2. 公司在战略和业务目标上，上下左右没有做到网络化对齐，导致目标管理难以发挥协同作用。

3. 市场营销、产品研发、交付服务等相关部门在具体业务运作场景中的接口关系不够清晰，且缺少有效的沟通协同机制，导致横向协同无效或低效。

4. 沟通协作链条上的一些岗位上的人员胜任度差，无法形成强强联合、优势互补。

针对上述四个方面，企业需要采取如下关键举措：

1. 明确沟通与协作原则，优化横向、纵向沟通机制（如会议机制、输入和输出要求等），完善信息共享机制，让大家知道彼此是怎么想的、在干什么和想达到什么目标。

2. 构建一套从战略到执行的强有力体系，并引入 OKR 管理方式，建立目标设定、动态对齐、跟进执行和复盘总结的目标管理机制。

3. 梳理公司生产经营活动，找出价值创造的主要业务流。一般公司的业务流包括面向客户体验的交易流、面向技术和产品开发的产品流以及基于敏捷交付的实现流。从公司的三大业务流中，梳理出业务运作的关键环节与协同场景，明确各个相关部门的角色定位、分工和配合关系。

4. 针对关键岗位，有针对性地开展内部沟通协同技能赋能。有需要的时候，调整优化人岗匹配度不高的人员。

5. 为进一步牵引和强化跨部门协同配合的积极性，可以在利益评价分配机制上做文章。按照获取分享制的原则，建立市场化的贡献评价、利益分享的机制，让大家成为“一条绳子上的蚂蚱”，协同配合问题自然迎刃而解。

Q6：如何激发团队和个体的活力，让员工永葆奋斗激情?

A6：激发团队和个体的活力，首先必须夯实价值管理循环（见下图）。基于组织战略共识和解码，明确组织、部门和关键员工的奋斗目标，用目标激发员工全力创造价值。建立反映真实价值创造的、客观科学的价值评价机制，实现优胜劣汰。强化“能者多劳多得”的价值分配机制，让奋斗者获得合理的回报，充分激发员工的主动性和责任感。

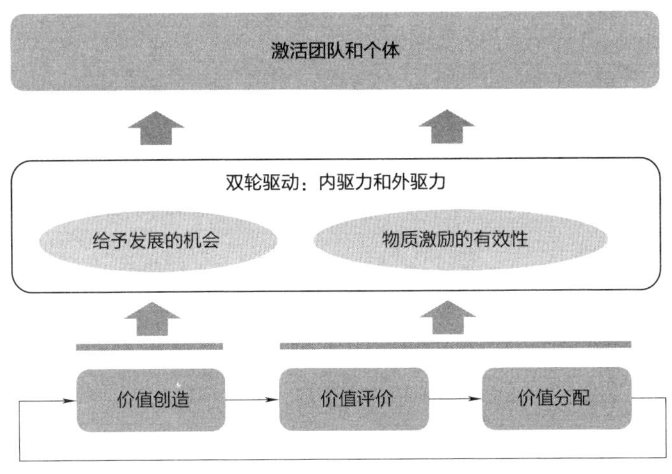

其次，坚持内驱力和外驱力相结合的双轮驱动，以物质文明

巩固精神文明，以精神文明促进物质文明。

最后，要做到不断打破内部平衡：按职位价值、能力和业绩贡献拉开足够的差距，通过差距势能形成发展动能。能上能下、能进能出，不断调整人才队伍结构。长期奖励先进，淘汰害群之马，向做出突出贡献的“超优、优秀人才”倾斜，充分发挥激励的杠杆作用。

Q7：如何提高组织的决策质量和效率?

A7：从企业家个人决策换挡为基于组织决策机制的决策，是提高企业决策质量和速度的关键。

设计一个好的组织决策机制，关键要点有三个方面：

1. 区分决策类型：按照决策的频率、熟悉程度、牵涉面以及重要程度等四个维度，可以将决策分为三种类型。第一种是例行的日常决策。这种类型的决策，可以授权他人或团队进行决策，只要设置好委托的权限即可。当重要或风险程度超过授权范围，就会触发额外批准。第二种是常见的、涉及面较广的重要决策，比如新产品开发、公司预算分配等。这种类型的决策实际上是一系列的决策组合，必须设置清晰的决策流程，邀请相关部门给出决策建议。同时，还必须将业务决策和公司决策的层次分开。比如，相关业务或职能部门在一起，共同讨论做出的决策是业务决策，是基于专业判断给出决策。在业务决策之后，需要 CEO 最终批准的才是公司决策，是基于公司长远发展和可能的资源投入而做出的战略性决策。第三种是不常见的高风险决策，如新业务投资、大型并购等。这类决策必须设置严格的决策流程，依据充足的事实信息，在每个关键环节，尽可能地听取利益相关方的建议，并达成共识。

2. 充足的决策信息共享。决策质量和掌握的关联信息成正比，高质量的决策背景信息对决策质量和速度至关重要。要让参加决策的人员获得同样的信息输入，在此基础上，为了确保大家理解的一致性，还要对这些信息的价值和意义进行充分的沟通和对话。为了提高大家沟通交流的效果，最好明确不同人员在决策中的角色分工，谁提出决策建议，谁做出最终决定，在做出决定之前需要咨询谁的意见，等等。

3. 预防或消除决策中的偏差。要特别警惕决策中的认知偏差，并采取有效的应对方法。第一种偏差是确认偏差，人们会不自觉地过度关注那些支持预设观点的信息，从而导致决策偏差。第二种偏差是社会偏见，过度考虑别人会如何看待一个决策。第三种偏差是乐观偏见，总是期望最好的结果出现。预防或消除这些偏差的方法有匿名投票、红军-蓝军机制、失败场景预演、第三方视角等。比如，华为设置的蓝军，专门给红军提反对意见。

Q8：如何让企业文化真正落地，不再是“嘴上讲、墙上挂、

书上写”？

A8：任何一个活着的企业，都有企业文化存在。有人必有江湖，有江湖就有文化。从这个意义上讲，没有不落地的企业文化。但这种文化可能不是企业发展所需要的文化要素，文化也会随着人员规模的扩大而稀释，甚至异化。从这个意义上说，你想要的企业文化可能就没有真正落地。因此，企业文化真正落地，说的是如何让企业文化赋能业务发展，帮助企业持续打硬仗、打胜仗、打大仗。

首先，需要明确一个企业的价值导向是什么：我们这个企业应该追求什么？我们又反对什么？企业文化必须通过提炼而显性化，从水面下浮出来；企业文化必须是从企业里面长出来的，来源于领导者和管理层的坚定信念，不能把别人地里的东西照搬过来。

其次，领导干部必须是企业文化的忠实信徒和坚定的实践者。没有领导干部的身体力行、率先垂范和以身作则，企业文化就是空话。将企业文化的要素融入干部的领导力模型中，对领导干部提出具体的行为要求，在定期评估的基础上，不断校准、赋能和淘汰。只要领导干部在行为上做到了，再扩大到员工群体就水到渠成。

最后，必须把企业文化融入规则制度中，特别是组织和人才管理制度。持续建立、完善公司在员工招聘、转正、考核、晋升、奖惩等方面对核心价值观的严格评估要求。

Q9：如何让战略规划不变成“战略鬼话”？

A9：一个公司的战略规划要执行到位，必须做好三个方面：

1. 在战略方向大致正确的情况下，必须把达成使命和愿景的阶段性战略目标转化为可视化、分年度的目标系统，并在整个核心管理团队中形成强烈的共识。根据公司现有的资源和能力，分解到年度的战略重点必须足够清晰而聚焦，比如市场营销、产品开发、业务运营、组织和人才管理等主要方面的战略重点必须明确。对支撑战略目标实现的关键举措与关键任务，要有清晰、明确的战略动作分解和衡量标准，否则就难以落地。

2. 明确战略管理流程，建立起“战略–经营计划 / 预算制定–绩效考核制定和执行监控”的流程和时钟管理，让战略制定与执行形成合理的节拍，最终形成战略闭环管理。在如今的剧变时代，还必须强化对战略的动态化管理，原来按年度回顾战略的周期已经过长，现在每季度都需要对战略进行复盘审视，在此基础上进行持续迭代。

3. 战略管理必须有一个强有力的组织保障。公司高管团队要做好时间管理，不能总是陷入日常业务管理工作之中，要投入足够的精力和时间参与到战略的制定、讨论、决策、执行和复盘当中。在战略制定和执行过程中，各部门的一把手必须带领自己的团队参与进来，一起完成市场洞察和分析，一起完成战略意图设计，一起完成战略举措和关键任务设计，一起完成配套的组织能力建设计划，一起执行确定的公司战略。

Q10：如何把个人领导力转换为组织领导力？

A10：当一个企业度过创业期，进入规模化发展阶段之后，企业家必须将个人领导力转换为组织领导力。如果不能完成这一转换，一个企业的组织力就难以发育成长。组织领导力成长慢，要么对业务发展形成阻碍，让企业错失发展机会，要么难以建立起高效的协同运作模式，导致规模而不效益。

要形成组织领导力，需要从三个方面做出努力：

1. 对人性复杂面的深度洞察。在个人领导力阶段，你主要关注的是业务发展和商业模式。你也关注人，但这些人主要是客户、合作伙伴和投资人，对内部员工关注比较少。而在组织领导力阶段，你的关注重点之一应该是“内部人”。你要关注他们的处境、他们的需求以及他们的梦想。如何把员工的梦想和组织的梦想统一起来，是你面临的主要挑战之一。此时，你需要对人性的复杂性和不确定性有更深入的洞察，既满足人的物质欲望，又满足人对成长和成就感的渴望，同时还能约束人性中的惰怠和贪婪。

2. 从直接管理到间接领导。在个人领导力阶段，你需要重点了解的是身边的几个人，如何给他们分配工作任务，指导他们完成工作，并及时给予针对性的激励。也许不需要靠特别的管理手段，靠哥们义气或兄弟情谊就能把大家团结在一起。而在组织领导力阶段，很多人都已经不在你的直接管理范围之内。此时要领导公司继续前进，对你的挑战是如何营造一个场效应，让进入公司的员工自动接收这种磁场辐射，朝着你想要的方向努力。

3. 从人治到“法治”。营造场效应的关键是建立起所有人都必须遵守的组织规则，从企业家“一言堂”走向组织规则“一言堂”。唯有如此，一个组织才能解决不是为老板个人而战的问题。这个规则是人性化的规则，而不是人情化的规则。人性化的规则是让员工有更多的财富、更多的成长机会以及更美好的未来，是大伙认同的“理性权威”；而人情化的规则是少数人的特权，并被领导者的个人好恶所左右。

Q11：如何有效吸引外部优秀人才？

A11：第一，要定义清楚我们需要什么样的优秀人才。只有明确招聘场景下的人才画像，才能为找人提供精准导航。人才画像要说明白四个要素：（1）招聘该候选人做什么，他来公司之后，面临的关键任务和挑战是什么？（2）什么背景（经验或经历）的人更能满足我们的要求？（3）具备什么素质和能力的人能够胜任工作？（4）什么特质的人更容易在我们的组织环境下做出高绩效？

第二，要分析一下我们需要的人才在哪些行业、哪些公司、哪些岗位上？也就是要绘制人才地图。针对这些人员的核心诉求，提炼出关键的、差异化的“价值主张”。通过针对性的沟通和传播，增加对目标人群的吸引力，增大候选人的入口流量。

第三，要提高业务管理者的面试技能，确保筛选出合适的目标候选人。明确用人部门主管是招聘工作的第一责任人，要用优秀的人去招聘更优秀的人。业务管理者必须具备面试资格，所有面试资格人都要通过面试流程 / 政策、面试方法 / 工具、面试技巧的培训，并在考核合格后才能上岗。

第四，要持续改善公司内部工作环境和氛围，打扫好自己的房间再迎接客人。公司在自己的员工队伍中建立了好的口碑，一方面，员工自然会更主动推荐他人加盟公司，另一方面，会提升公司的雇主品牌，吸引更多的优秀人才滚滚而来。

第五，还可以采取一些个性化方式，比如柔性引进人才，不求为我所有，但求为我所用；或者请外部人才做顾问，和外部优秀人才多喝咖啡；等等。再比如，在人才集中的地方设置分支机构，让人才在家门口工作，更好地实现工作和生活的平衡。

Q12：如何让空降兵快速融入公司并创造价值?

A12：空降兵存活率不高，空降高管阵亡率高达 80%。空降兵难以快速融入公司并创造价值，根本原因在于这个人的生态系统发生了改变，而企业在帮助空降兵融入方面投入不足，且不得要领。

提高空降兵存活率的具体方案如下：

1. 要安排专人来帮助空降兵融入公司。这个人必须在公司内有一定的影响力，如果找不到这样的人选，公司老板就责无旁贷了。帮助空降兵融入公司，主要是帮助他深刻理解公司内部的组织运作体系和人员特点，比如做事的习惯、内部运行的潜规则、各个关键人物的工作风格等。必要时，做好中间联络人，协助处理关键人际关系。

2. 对空降兵的工作安排，要采取渐进式的方式。刚开始，要给空降兵过渡适应期，对空降兵不能有过高的期望，更不能设定过高的业绩目标。可以先提供一些专家型、参谋型或管理的副职岗位，既让他发挥个人价值，又不会把他推到风口浪尖。同时，要创造机会，让他尽快做出一些小的成果，获得周边人的认可。待站稳脚跟之后，再逐步加大岗位责任和授权，开足马力投入工作。

3. 在空降兵工作过程中，给予更高频率的评估和反馈。必须给予空降兵更高频率的关注，要及时了解他的融入情况，发现他工作中的难题，及时给予帮助。通过高密度的沟通和反馈，帮助他更快认知到他以往的哪些经验有效、哪些经验是无效的。此外，高频率的评估，还可以帮助公司尽早对空降兵的胜任情况做出判断，如果发现确实选错了，则及时终止合作。

Q13：如何有效管理Z世代员工？

A13：Z世代员工，指的是95后的新时代人群。这个群体逐渐成为企业的员工主体。要激发这个群体的战斗力，必须要知道这群人的工作价值观是什么？根据我们的观察和体会，有四个方面的特征：（1）期望工作灵活性，工作和生活走向融合；（2）工作有效且具有互动体验；（3）希望得到快速的反馈、认可和回报；（4）更注重个人发展机会。

针对Z世代员工追求“自我价值感”的这四个特征，建议调整公司的管理方式：

1. 从指令型领导方式转变为赋能型领导方式。设定工作目标时，改变过去单一的自上而下的方式，可以让员工一起共创，要让他们感觉到目标是自己定出来的。在达成工作目标的方式上，只要把控好里程碑节点，做好过程跟踪、赋能和反馈，给他们更多自由选择的空间。

2. 将固定式的绩效评价逐步转变为持续性的绩效反馈。这些年轻员工，需要的不再是僵化的年终评价和形式化的反馈，他们更需要工作过程中快速而灵活的反馈，需要被及时地认可。因此，公司的绩效管理方式必须改变，从强调硬性评价转变为强调过程的软性赋能和反馈，让员工及时了解自己干得如何，下一步如何做得更好。

3. 帮助年轻人实现更快成长。要给予年轻人更多的实践机会，敢于把他们放到公司的重要项目中去锻炼，和公司的大牛们一起工作，一起打硬仗、打大仗。在管控风险的前提下，允许他们犯错，让他们在痛苦的反思中加速成长。对做出超过平均业绩的年轻人，要敢于破格提拔，让他们担负起更大的责任。

Q14：企业为什么一定要数字化转型？

A14：数字化转型是近几年来企业管理领域的热门话题。什么是数字化转型？按照互联网数据中心的定义，数字化转型是利用数字化技术和能力来驱动组织商业模式创新和商业生态系统重构的途径和方法，其目的是实现企业业务的转型、创新和增长。我们对数字化转型的理解，可以归纳为四个方面：

1. 数字化转型的目的是让企业真正成为“以客户为中心”的组织，通过提高组织效率，更敏捷、更灵活地满足客户需求。

2. 没有衡量就没有管理，数字化转型的手段是在线连接人、设备和业务流程等，采集分析关键节点数据，让万事万物皆可衡量，从而实现快速反馈和改进。

3. 数字化转型不是企业信息化的简单升级。信息化的主要目的是提升企业价值链某一环节的运作效率，以前企业上的 ERP、CRM 等 IT 系统，就是信息化阶段的成果。而数字化阶段，更多的是要通过数字化技术创新企业的商业模式，重塑业务流程及人与人之间的关系，帮助企业实现分布式决策和组织效能的大幅提升。

4. 数字化转型是组织的整体转型，包括战略转型、业务转型、组织能力转型。数字化转型是组织的一次重大变革。

随着 SMAC（社交、移动、分析和云计算）、DARQ（分布式账本技术、人工智能、扩展现实和量子计算）等数字化技术的大规模应用，数字化时代已经到来，数字化改变商业世界已经成为共识。在这种背景下，企业必须通过数字化转型，全面改变与客户沟通的方式、对员工的管理方式、企业的运营模式，以及产品的设计、制造、销售模式等。未来的企业都是数字化企业，再进一步还会进入全面智能化阶段。

Q15：企业如何才能实现数字化转型?

A15：数字化转型是企业的一次重大组织变革。因此，从普遍性的角度来讲，前文中介绍过的组织变革方法论，都适用于企业的数字化转型。同时，数字化转型又是一个新事物，有自身的一些特点，这里给出六点提醒：

1. 数字化转型不能赶时髦，一定要想清楚数字化转型的目的究竟是什么？如何通过数字化转型提升组织的能力，以达成企业的战略目标？记住华为的那句话："我们的目标不是要成为世界级的 IT，而是要成就世界级的华为。"

2. 数字化转型的手段是技术，但不能以技术为中心，而要以客户为中心。必须回归业务本质，走业务与技术双轮驱动的路线，最终目的是为客户创造更大价值。

3. 数字化转型需要持续投入大量的资源，耗费很多的时间和精力，更加考验企业家的战略决心和投入程度。如果企业家只是发号施令，在数字化转型中不参与、不下场、不学习，数字化转型大概率会失败。

4. 人性不变，变化的是人性善恶的指数级放大。虽然数字化技术是人类强大的工具，但它本身不懂是非，即使将来拥有了人类的意识和文明，我们相信它也是从人类社会学习的结果，会继续遵循人类的伦理规范。利用数字化技术提升效率无可厚非，但如果企业使用数字化技术的出发点错了，没有人文关怀，没有看到活生生的人，科技会成为人性中恶的帮凶。人类要善用科技，利用技术把人性向善的一面最大程度地激发出来，而不是滥用技术，自毁前程。

5. 数字化时代，尊重人才的文化极其重要！数字化时代，企业人才的结构将发生巨大的变化，对人才能力（特别是数字化技能和创造力）将提出更高的要求，人才激励和保留的挑战越来越大。每个企业在投资数字化转型的同时，更应该投资人才队伍的转型，更应该投资人才管理模式的升级。在员工流动越来越快和能力需求不断变化的新时代，在如何快速和准确获取人才、如何识别超级员工和普通员工、如何加速人才成长以及如何提升人才的敬业度等各个环节上，人才管理模式都面临严峻挑战。

6. 人才管理模式升级的背后是领导力的升级。只有将传统的封闭保守、等级森严、诸侯割据、论资排辈的领导模式打碎，用尊重个人价值、坦诚正直、开放透明、高度参与的领导方式取而代之，我们才能领导好数字时代的原生员工，实现企业的数字化生存。

Q16：如何快速诊断企业的组织力？

A16：根据基业长青的“A+”组织力模型，我们设计了一套组织力诊断工具，可以帮助贵公司快速完成组织力自检。你可以扫描下方二维码，进入基业长青微信公众号，回复“组织力自检”，获取诊断样例说明。

后 记

永无止境的成长道路

这本书的写作念头，发端于新冠疫情发生之际。疫情发生之后，很多客户忙于应对疫情，部分咨询项目不得不暂停下来，我们也有了一段难得的闲暇时光。

但已经长期习惯忙碌的人，根本就闲不下来。长年奔走在企业一线，我们深切感受到企业普遍面临组织力的发展瓶颈：新生代企业的组织能力远低于业务能力，老牌企业的组织能力也无法满足战略升级的需要。向华为学习，还大都处在邯郸学步阶段。于是，大伙就商量利用这段空档期，写一本组织力方面的书，为广大企业界朋友提供参考借鉴。

本想一年内就能成书，但写着写着，却发现这是一件极有挑战性的工作，两年之后才交付出版。其间我们六易其稿，反复调整结构和内容。即便如此，仍然有一些不够满意的地方。只是作为管理顾问的职业紧迫感，驱使我们想尽快给大家一些基本理念和方法论的帮助。其中的不当之处，就留给各位读者来评判吧。

中信出版集团经管社的主编张艳霞、杨博惠女士，从读者的角度对本书的框架结构、核心内容和写作方法提出了许多专业建议，加速了本书的撰写过程，提高了本书的阅读价值和体验。非常感谢两位及其团队聂斌女士、梁可可女士的全力配合和支持。

这本关于组织的书，本身就是通过“组织力”合作完成的。这个“组织”的成员，既包括基业长青的许多小伙伴，也包括我们的很多客户朋友，凝聚了众人的集体智慧。在此，我们要对所有帮助过我们的家人、友人和同伴表达衷心的感谢。其中，要特别感谢基业长青合伙人范金、董世高，两位牺牲了很多个人时间，参与了本书的框架讨论。也要特别感谢桑娜、张烁侬、周奕玲、余珩仪、陈鸿熙、汪国林等小伙伴，他们参与了本书部分章节的撰写，做出了不可忽略的贡献。

组织成长之路，注定曲折艰辛且永无止境，值得我们一起去长期探索。值此新年来临之际，让我们一起在学习中成长吧。